LOS MEDIOS
ESENCIALES DE GRACIA

LOS MEDIOS ESENCIALES DE GRACIA

PAUL WASHER

Los medios esenciales de gracia
Paul Washer

© 2022 por Poiema Publicaciones

Traducido con el debido permiso del libro *The Essential Means of Grace*
© 2020 por Paul Washer, publicado por Reformation Heritage Books,
www.heritagebooks.org.

Las citas bíblicas han sido tomadas de *La Nueva Biblia de las Américas*
© 2005 por The Lockman Foundation.

Poiema Publicaciones
info@poiema.co
www.poiema.co

ISBN: 978-1-955182-18-8
Impreso en Colombia
SDG

TABLA DE CONTENIDO

Introducción

LOS MEDIOS DE GRACIA

¿Lamentas tu falta de crecimiento espiritual? ¿Anhelas ser conformado a la imagen de Cristo? Si tu respuesta es sí, entonces este breve libro es para ti. Sin embargo, debo advertirte que no encontrarás una respuesta fácil o una solución rápida a tu vida espiritual en estas páginas, ni descubrirás algo novedoso o nuevo. Aquí solo encontrarás un remedio antiguo para un problema antiguo. Se te ofrecerá una medicina difícil de tragar y que la mayoría de la gente preferiría evitar para obtener, en su lugar, un elixir más agradable. Sin embargo, si estás cansado de estar enfermo, si has vagado lo suficiente por las laderas y estás dispuesto a emprender el camino difícil para subir la montaña, entonces este pequeño

...o puede ofrecerte algo de ayuda ¡Algunos medios para crecer más allá de donde te encuentras!

Hay una frase teológica en latín muy importante que todo cristiano de todos los idiomas debería aprender y aplicar a su vida. La frase es *media gratiae*, y su traducción al español es *medios de gracia*. Durante siglos, la iglesia ha empleado esta pequeña frase para describir esos medios o dones que el Señor Jesucristo le ha dado a la iglesia para su continua santificación o crecimiento en santidad. Los medios más destacados y esenciales son el estudio de las Escrituras, la devoción a la oración y la participación en la vida y el ministerio de la iglesia local. Estos medios *no son obras* que deban realizarse para merecer la salvación, sino que son dones de Dios por los cuales el creyente puede crecer en la salvación que ha recibido solo por gracia y por medio de la fe en Jesucristo. Como escribió el apóstol Pablo: "Porque por gracia ustedes han sido salvados por medio de la fe, y esto no procede de ustedes, sino que es don de Dios; no por obras, para que nadie se gloríe" (Ef 2:8-9).

Las Escrituras demuestran una y otra vez que la salvación es *monérgica,* es decir, la obra de uno solo. Dios es el autor y el agente de nuestra salvación y nosotros somos los objetos de Su obra salvadora. Sin embargo, con el mismo énfasis, las Escrituras también enseñan que nuestro crecimiento en la santificación es *sinérgico,* es decir, el trabajo colectivo de dos o más. Esto queda maravillosamente ilustrado en la amonestación de Pablo a la iglesia en Filipos: "Así que, amados míos, tal como siempre han obedecido, no solo en mi presencia, sino ahora mucho más en mi ausencia, ocúpense en su salvación con temor y temblor. Porque Dios es quien obra en ustedes tanto el querer como el hacer, para Su buena intención" (Fil 2:12-13).

Nota el equilibrio perfecto. Dado que es Dios quien obra en nosotros tanto el querer como el hacer para Su beneplácito, debemos trabajar en nuestra propia salvación con temor y temblor, es decir, con la mayor reverencia hacia Dios y la más profunda solemnidad con respecto a la tarea. No hay lugar en el cristianismo bíblico para la apatía, la falta de disciplina o una actitud de "que Dios se encargue".

Para comprender mejor lo que quiere decir la frase *media gratiae*, es útil agregar el adjetivo en latín *ordinarius* u ordinario. *Media gratiae* se refiere a los medios ordinarios de gracia o la forma ordinaria en la que Dios ha decretado que los cristianos crecerán en conformidad con Cristo. Vivimos en una época en donde parece que todos en la iglesia están esperando algo extraordinario, un mover del Espíritu que corregirá todas nuestras enfermedades espirituales en un momento y con poco esfuerzo o costo de nuestra parte. Aunque un avivamiento tan extraordinario es completamente posible y debe desearse, no es el medio ordinario de Dios para hacer crecer a Su iglesia. Nuestro deseo por lo extraordinario nunca debe llevarnos a descuidar los medios ordinarios que Dios nos ha dado para crecer. De hecho, en la providencia de Dios, por lo general, Él no realiza lo extraordinario hasta que

Su pueblo ha agotado los medios ordinarios que ha proporcionado.

Habiendo dicho lo anterior, es muy poco probable que la iglesia contemporánea o el cristiano individual haya agotado los medios ordinarios de gracia, es decir, que hayamos aprendido todo lo que las Escrituras tienen que decir, que hayamos vaciado todas las promesas de Dios en oración, que nuestra intimidad con el Padre, el Hijo y el Espíritu Santo no tenga más espacio para crecer, o que hayamos cosechado todos los beneficios que se pueden obtener de la comunión con una iglesia local. ¿No es más probable que hayamos sido negligentes o al menos descuidados, incluso perezosos, con estos medios de gracia ordinarios pero esenciales? Debemos tener cuidado de no despreciar el día de las pequeñeces (Zac 4:10). De hecho, Jesús enseñó: "Cuídense de lo que oigan. Con la medida con que ustedes midan, se les medirá, y aún más se les dará" (Mr 4:24). Y nuevamente, "El que es fiel en lo muy poco, es fiel también en lo mucho" (Lc 16:10). ¡El creyente que descuida lo ordinario rara vez será testigo de lo extraordinario!

Aunque la frase *media gratiae* es en su mayor parte desconocida entre los evangélicos modernos, es solo porque ignoramos muchas de las verdades históricas del cristianismo bíblico que alguna vez sirvieron para fortalecer y purificar la iglesia de Cristo. Hubo un tiempo en que la frase *media gratiae* o "medios de gracia" era parte del vocabulario de todo cristiano. Prueba de ello es la pregunta 88 del Catecismo Menor de Westminster que se utilizó para enseñar a los niños y a los nuevos conversos sobre los conceptos básicos del cristianismo:

Pregunta: ¿Cuáles son los medios externos y ordinarios por los cuales Cristo nos comunica los beneficios de la redención?

Respuesta: Los medios externos y ordinarios por los cuales Cristo nos comunica los beneficios de la redención son Sus ordenanzas, especialmente la Palabra, los sacramentos y la oración;[1] que son eficaces para la salvación de los elegidos.[2]

Es importante notar que dar énfasis o incluso prioridad a los "medios de gracia" no se limitó a las iglesias presbiterianas o estrictamente reformadas, sino que fue enseñado ampliamente por los primeros bautistas y otros evangélicos. La pregunta 95 del Catecismo Bautista, escrita por el conocido Bautista Particular, Benjamín Keach (1640-1704), sigue

---

[1] Vayan, pues, y hagan discípulos de todas las naciones, bautizándolos en el nombre del Padre y del Hijo y del Espíritu Santo, enseñándoles a guardar todo lo que les he mandado; y ¡recuerden! Yo estoy con ustedes todos los días, hasta el fin del mundo (Mt 28:19-20).

[2] Entonces los que habían recibido su palabra fueron bautizados; y se añadieron aquel día como 3,000 almas. Y se dedicaban continuamente a las enseñanzas de los apóstoles, a la comunión, al partimiento del pan y a la oración… Día tras día continuaban unánimes en el templo y partiendo el pan en los hogares, comían juntos con alegría y sencillez de corazón, alabando a Dios y hallando favor con todo el pueblo. Y el Señor añadía cada día al número de ellos los que iban siendo salvos (Hch 2:41-42, 46-47).

palabra por palabra la definición de los medios de gracia del Catecismo Menor de Westminster.

Vivimos en una época en la que demasiados creyentes sinceros dependen de predicadores, blogs, tweets y extractos mediáticos publicados. Aunque algo de esto puede ser útil, nada reemplazará los medios simples pero eficaces que el Señor mismo le ha dado a Su pueblo para crecer. Debemos volver nuestros pies hacia los senderos antiguos[3] de las Escrituras y los senderos de aquellos hombres y mujeres fieles que nos han precedido. En las siguientes páginas, consideraremos brevemente los tres medios ordinarios de gracia que Dios ha otorgado gentilmente al cristiano individual y a la iglesia en general para promover la piedad que encuentra su deseo en una mayor conformidad a la imagen de Cristo: las Escrituras, la oración, y el ministerio y las ordenanzas de la iglesia local.

---

[3] Así dice el Señor: "Párense en los caminos y miren, y pregunten por los senderos antiguos, cuál es el buen camino, y anden por él; y hallarán descanso para sus almas" (Jer 6:16).

PREGUNTAS Y REFLEXIONES
DE LA INTRODUCCIÓN

1. ¿Cuál es el significado de la frase en latín *media gratiae*?

2. Identifica los medios de gracia que se enumeran en este capítulo.

3. ¿Por qué a los medios de gracia a menudo se les llama medios *ordinarios* de gracia?

4. ¿Cuáles son los peligros de descuidar lo ordinario mientras esperamos lo extraordinario?

5. Explica el significado y las implicaciones de la pregunta 88 del Catecismo Menor de Westminster.

1

LAS ESCRITURAS

Después de nuestra breve introducción a los medios de gracia ahora consideraremos el primero y más importante: el estudio y la exposición de las Escrituras. Aparte del Dios trino mismo, el regalo más importante e indispensable que el Señor le ha dado a la iglesia es la Biblia. No hay otra fuente de verdad infalible con respecto a la persona, los decretos, las obras, la voluntad y las promesas de Dios. El apóstol Pablo en su carta a su joven colaborador, Timoteo, poderosamente afirma esta verdad: "Toda Escritura es inspirada por Dios y útil para enseñar, para reprender, para corregir, para instruir en justicia, a fin de que el hombre de Dios sea perfecto, equipado para toda buena obra" (2Ti 3:16-17).

Aunque las Escrituras no necesitan la validación humana, por nuestro bien es importante afirmar que la inspiración, la infalibilidad y la esencialidad absoluta de las Escrituras han sido la convicción permanente de la verdadera iglesia a lo largo de los siglos. La Confesión de Westminster y la Confesión Bautista de Londres de 1689 declaran:

> La Santa Escritura es la única regla suficiente, segura e infalible de todo conocimiento, fe y obediencia salvadores… para conservar y propagar mejor la verdad y para un establecimiento y consuelo más seguros de la Iglesia contra la corrupción de la carne y la malicia de Satanás y del mundo, le agradó poner por escrito esa revelación en su totalidad, lo cual hace a las Santas Escrituras muy necesarias, habiendo cesado ya aquellas

maneras anteriores por las cuales Dios reveló Su voluntad a Su pueblo.[1]

Si de alguna forma dudamos en afirmar la inspiración, la infalibilidad o la suficiencia de las Escrituras, entonces un fundamento seguro para la vida cristiana siempre permanecerá fuera de nuestro alcance. Seremos "llevados de aquí para allá por todo viento de doctrina" (Ef 4:14). Seremos esclavos de nuestros pensamientos, emociones e impulsos más frecuentes y erróneos. Estaremos plagados de una esperanza siempre fluctuante, un temperamento impredecible y una conducta errática.

EL ESTUDIO DE LAS ESCRITURAS

Durante Su tentación en el desierto, Jesús afirmó la absoluta esencialidad de las Escrituras en la vida del creyente cuando declaró: "Escrito está: 'No solo de

---

[1] *La Confesión Bautista de Londres de 1689* (Medellín: Reformation Heritage Books & Poiema Publicaciones, 2018), 2127, 1.1. *Cf. La Confesión de Fe de Westminster*, 1.1.

pan vivirá el hombre, sino de toda palabra que sale de la boca de Dios'" (Mt 4:4). Aquí vemos que con la mayor diligencia debemos alimentarnos de la Palabra para nutrirnos espiritualmente conforme nos alimentamos de alimentos físicos para nuestra nutrición diaria. La Biblia es un libro inspirado, pero no es un libro mágico. Sus palabras y sus verdades simplemente no saldrán volando de las páginas hacia el corazón y la mente de quien la posee. Para sacar provecho de las Escrituras debemos estudiarlas y hacerlo con diligencia. El apóstol Pablo le escribió a Timoteo: "Procura con diligencia presentarte a Dios aprobado, como obrero que no tiene de qué avergonzarse, que maneja con precisión la palabra de verdad" (2Ti 2:15). Y de nuevo le dice: "Entretanto que llego, ocúpate en la lectura de las Escrituras, la exhortación y la enseñanza… Reflexiona sobre estas cosas; dedícate a ellas, para que tu aprovechamiento sea evidente a todos" (1Ti 4:13, 15).

Si bien es cierto que Pablo estaba exhortando a un hombre que había sido ordenado para el ministerio, sus exhortaciones tienen una aplicación más amplia y general para cada creyente. Una fe bíblica, reformada y evangélica llama a cada creyente —al santo más maduro y al converso más reciente— a estudiar, entender y aplicar las Escrituras. Cuando Jesús declaró: "No solo de pan vivirá el hombre, sino de toda palabra que sale de la boca de Dios", ciertamente tenía en mente a todo hombre (Mt 4:4). ¡Cuánto más a los de la familia de la fe!

Si no estás convencido y comprometido con el estudio personal, diligente y consistente de las Escrituras, entonces muy poco de lo que está escrito en el resto de este libro te beneficiará. Nuestro caminar hacia la madurez cristiana se basa en nuestro conocimiento de la persona, los decretos, la obra, la voluntad y las promesas de Dios. Tal conocimiento es imposible sin un estudio personal diligente de las Escrituras, una exposición constante a la exposición bíblica y una comunidad en una iglesia verdaderamente bíblica. Si descuidamos este fundamento, tenemos pocas esperanzas de avanzar en el conocimiento de Dios o de crecer en conformidad con Su voluntad.

Ya sea que seas nuevo en la fe cristiana o un santo de muchos años, el mayor medio para crecer en el conocimiento de Dios es la lectura simple de las Escrituras desde Génesis hasta Apocalipsis una y otra vez como una *disciplina de la vida* diaria. Como ministro ordenado, estudio la Biblia durante varias horas al día y, sin embargo, he descubierto que nada reemplaza la lectura diaria simple de las Escrituras. Por lo tanto, te recomiendo lo que ha sido de mayor beneficio para mí. Aparta tiempo cada día simplemente para leer las Escrituras. No te apresures ni te preocupes por tener un ritmo lento. Algunas porciones de las Escrituras permiten una lectura más rápida que otras. Algunos días puedes leer de tres a cinco capítulos. Otros días, puedes leer solo uno. La meta es disfrutar las Escrituras, crecer en el conocimiento de Dios y ser transformado por ese conocimiento. Para tu lectura diaria, de todo corazón te recomiendo una Biblia de estudio como referencia rápida. Te ayudará a navegar a través de los términos y las frases difíciles y te mantendrá en línea con el cristianismo evangélico histórico. Las cuatro Biblias de estudio que he hallado de mayor ayuda son la *Biblia de estudio Herencia Reformada*, LBLA La *Biblia de Estudio de la Reforma*, la *Biblia de Estudio LBLA* y la Biblia de estudio *MacArthur.*[2]

Conforme lees las Escrituras, indudablemente descubrirás muchos textos clave o fundamentales con respecto a grandes verdades teológicas y otros

---

[2] *The Reformation Heritage KJV Study Bible* [ed. Joel R. Beeke, Michael Barrett, Gerald Bilkes, and Paul Smalley (Grand Rapids: Reformation Heritage Books, 2014) [*Biblia de Estudio Herencia Reformada* (RV1960), Joel R. Beeke, Michael Barrett, Gerald Bilkes y Paul Smalley (Grand Rapids: Reformation Heritage Books, 2019)]; *The Reformation Study Bible*, ed. R. C. Sproul (Orlando, Fla.: Reformation Trust, 2015) [*LBLA La Biblia de Estudio de La Reforma*, R.C. Sproul (Ligonier Ministries, 202)]; LBLA Biblia de Estudio (Editoria Vida, 2017); MacArthur Study Bible, ed. John MacArthur (Nashville, Tenn.: Thomas Nelson, 2013) [*Biblia de estudio MacArthur Reina Valera 1960*, John F. MacArthur (Editorial Vida, 2012)].

textos que tendrán un significado especial para tus circunstancias y necesidades personales actuales. Estos deben recordarse. Aunque hay muchos métodos usados para memorizar las Escrituras, todos tienen un denominador común ¡trabajo duro y perseverancia! A menudo pensamos que otros cristianos sobresalen en disciplinas específicas simplemente debido a sus dones, talentos o personalidades. O que sobresalen porque les es más fácil que a nosotros. Sin embargo, en la mayoría de las veces, he encontrado que esto no es verdad. Aunque algunos puedan poseer una mente más ágil para la memorización de las Escrituras que otros, realmente sobresalen porque han reconocido el gran beneficio de interiorizar las Escrituras y están dispuestos a trabajar para ello. El salmista escribió: "En mi corazón he atesorado Tu palabra, para no pecar contra Ti" (Sal 119:11). La inversa sería: "*No* he atesorado Tu palabra en mi corazón, para *poder* pecar contra Ti".

Estoy consciente que mi recomendación puede sonar demasiado simplista para muchos. Sin embargo, leer las Escrituras de pasta a pasta, una y otra vez fue la práctica más codiciada de la mayoría de los grandes santos en la historia de la iglesia, y lo sigue siendo hasta hoy. Si no sabes cómo empezar, puede resultarte útil obtener el calendario de lectura bíblica de Robert Murray M'Cheyne.[3] Durante varias décadas, ha sido de gran ayuda para muchos santos que se han comprometido con la lectura de las Escrituras.

LA EXPOSICIÓN DE LAS ESCRITURAS

Junto con nuestra lectura y estudio personal de las Escrituras, está la enseñanza y la predicación de las Escrituras en el contexto de la iglesia local

---

[3]   R. M. M'Cheyne (1813–1843) fue el ministro de la iglesia de San Pedro, Dundee, Escocia. Ideó un calendario de lectura de la Biblia que guía al creyente a través del Antiguo Testamento una vez y el Nuevo Testamento y los Salmos dos veces en un año calendario. Está disponible en forma impresa y en línea.

por parte de los ancianos fieles que nos pastorean. Sentarse bajo el cuidado de pastores piadosos que están dedicados a estudiar las Escrituras, vivir las Escrituras y proclamar las Escrituras es un gran medio de gracia para el pueblo de Dios. Este tipo de ministro está maravillosamente ejemplificado en la vida y el ministerio de Esdras, de quien las Escrituras testifican: "porque Esdras había dedicado su corazón a estudiar la ley del Señor, y a practicarla, y a enseñar Sus estatutos y ordenanzas en Israel" (Esd 7:10). Además, está ejemplificado por el sacerdote levita ideal descrito en el libro de Malaquías: "La verdadera instrucción estaba en su boca, y no se hallaba iniquidad en sus labios; en paz y rectitud caminaba conmigo, y apartaba a muchos de la iniquidad. Pues los labios del sacerdote deben guardar la sabiduría, y los hombres deben buscar la instrucción de su boca, porque él es el mensajero del Señor de los ejércitos" (Mal 2:6-7).

Así como nada puede reemplazar nuestro estudio personal de las Escrituras, tampoco nada puede reemplazar el ministerio de un pastor piadoso exponiendo las Escrituras al rebaño que personalmente conoce, ama y sirve sacrificialmente. En los últimos años, el crecimiento de Internet ha permitido a los creyentes acceder a algunos de los predicadores más capaces del mundo, pero esto ha sido una mezcla de bendiciones. Acceder a un ministerio en Internet no sustituye el ser un miembro vital de una congregación local, y los mejores predicadores de Internet, aunque son de beneficio, no sustituyen a un pastor piadoso que es fiel a las Escrituras. Puede que no posea credenciales académicas o dones extraordinarios, pero si es un pastor fiel, ¡vale más para tu santificación que todos los predicadores de Internet juntos! Descuidar este gran medio de gracia es señal de inmadurez espiritual y un corazón desinteresado.

También es importante recordar que incluso los predicadores más renombrados son simplemente hombres capaces de equivocarse y deben ser juzgados por la Palabra de Dios. Como los de

Berea de la época de Pablo, debemos recibir "la palabra con toda solicitud" y, sin embargo, escudriñar "diariamente las Escrituras, para ver si estas cosas eran así" (Hch 17:11). No debemos "despreciar las profecías" (esto es, la predicación bíblica), pero debemos "examinar todo cuidadosamente".[4] Para poder obedecer estas amonestaciones, debemos estudiar la Palabra de Dios de manera personal, diligente y constante.

Antes de continuar, debo dar una breve amonestación a los pastores. Ustedes son los hombres más privilegiados del planeta y se les ha encomendado una gran mayordomía. Si el creyente es llamado a trabajar en su salvación con temor y temblor,

---

[4] El don de profecía ha cesado. Sin embargo, la amonestación continúa siendo relevante para la iglesia. Las palabras de los profetas se registran permanentemente en las palabras infalibles de las Escrituras. No debemos despreciar la exposición y aplicación precisas de estas palabras proféticas incluso cuando nos exponen, reprenden, corrigen y amonestan. Sin embargo, debemos examinar toda proclamación a la luz de las Escrituras para asegurarnos de que sea precisa y edificante (ver 1Ts 5:20-21)

cuánto más debes cumplir tu ministerio con un grado aún mayor de solemnidad (Fil 2:12). ¿No te das cuenta de que la queja más común del creyente en las bancas de la iglesia es que sus pastores parecen estar más preocupados por los programas y las estrategias y por el número de su rebaño que por estudiar la Palabra de Dios, orar en privado, modelar una vida piadosa y exponer las Escrituras? Queridos hermanos, que no se diga esto de nosotros. Seamos como Esdras, que "había dedicado su corazón a estudiar la ley del Señor, y a practicarla, y a enseñar Sus estatutos y ordenanzas en Israel" (Esd 7:10). Como el apóstol, digamos a cada distracción: "Y nosotros nos entregaremos a la oración y al ministerio de la palabra" (Hch 6:4).

EL USO DE LAS ESCRITURAS EN LA ADORACIÓN

Las Escrituras no solo deben estudiarse personalmente y exponerse a través de la predicación, sino que también deben ser comunicadas en y a través de nuestra adoración pública. Esto se logra a través de tres lugares principales: la lectura pública de las Escrituras, la exposición pública de las Escrituras y el canto de las Escrituras.

La lectura pública de extensas porciones de las Escrituras es una rareza hoy en día. De hecho, la mayoría se sorprendería al saber que las primeras iglesias reformadas y evangélicas lo consideraban una parte central de la adoración congregacional. Este punto de vista no se basó en las preferencias personales de nuestros antepasados espirituales, sino que en realidad está ordenado en las Escrituras. En 1 Timoteo 3:15, el apóstol Pablo da instrucciones extensas con relación a "cómo debe conducirse uno en la casa de Dios"; ordenó que la lectura de las Escrituras sea una parte central de la adoración congregacional: "Entretanto que llego, ocúpate en la lectura de las Escrituras, la exhortación y la enseñanza" (1 Ti 4:13).

Construimos nuestra casa sobre la arena cuando ignoramos este mandato bajo la excusa que "hace

más lento" el servicio o porque el hombre moderno
ha perdido su capacidad de escuchar con atención.
No debemos permitir ni conformarnos a los bajos
estándares de nuestra cultura. Uno de los innume-
rables errores y herejías del catolicismo romano es
que adaptó el cristianismo a la cultura para hacerlo
más atractivo y aceptable. En contraste, los reformadores se mantuvieron fieles a las Escrituras y llama-
ron a las culturas que los rodeaban a conformarse
a Su alto estándar. El catolicismo romano solo re-
bajó y contaminó el cristianismo, pero la fe reformada levantó culturas a un nuevo nivel espiritual,
académico, económico y social. No debemos tolerar
la idea de que las personas de esta época, de extractos mediáticos de Internet, ya no pueden soportar
lecturas extensas de las Escrituras o sermones que
pasan de veinte minutos. En cambio, debemos leer
pacientemente y con amor las Escrituras hasta que
las personas sean transformadas por ellas.

Caminando de la mano con la lectura de las Escrituras está la exposición fiel de las Escrituras por

parte de ancianos, maestros y evangelistas piadosos que están devotos a su estudio. Esta también es una forma de adoración en la que el que proclama está declarando, exponiendo y exaltando los atributos y las obras de Dios. A su vez, esto genera en el corazón de la congregación de creyentes una mayor reverencia, estima y amor por Dios. El gran reformador de Ginebra, Juan Calvino, una vez escribió: "El objetivo de un buen maestro debe ser siempre apartar los ojos de los hombres del mundo, para que vean al cielo".[5] La verdadera predicación bíblica no se trata principalmente de la comunicación de los principios de vida para que la congregación pueda navegar hacia "su mejor vida ahora". Se trata de la comunicación del conocimiento de Dios dando como resultado fe, adoración y obediencia sincera. Al igual que la lectura pública de las Escrituras, esta visión histórica de la predicación es ahora una rareza y, sin embargo, sigue siendo un medio esencial

---

[5]   *Calvin's Commentaries* [*Comentarios de Calvino*], sobre Tito 1:2, 21:283

de gracia. Como cristiano, debes hacer de esto tu prioridad principal. No importa el costo o las dificultades que tengas que soportar, busca la comunidad en una iglesia cuyos ancianos y maestros estén dedicados al estudio de las Escrituras, que consideren la predicación y la enseñanza como *el* ministerio de sus vidas, y cuyos sermones te proporcionen el conocimiento y la motivación para adorar a Dios en espíritu y en verdad: "... porque ciertamente a los tales el Padre busca que lo adoren" (Jn 4:23).

Finalmente, caminando de la mano con la lectura de las Escrituras y su exposición, está el cantar las Escrituras. El canto congregacional es un acto de adoración, que debe ser dirigido exclusivamente a Dios, con el resultado residual de edificar a la congregación. Para que ese canto sea agradable a Dios y edificante para los santos, debe ser tanto bíblico como didáctico.[6] Algunas iglesias reforma-

---

[6] La palabra "didáctico" se deriva del verbo griego *didaskein*, que significa "enseñar". Las canciones de adoración que son didácticas son instructivas, informativas o educativas. Comunican la verdad bíblica.

das enseñan que es más seguro y mejor limitar el canto en las iglesias al manual canónico original de Dios para cantar, es decir, los Salmos, mientras que otras iglesias reformadas se sienten cómodas cantando himnos que transmiten las grandes verdades, amonestaciones, palabras de aliento y advertencias doctrinales de las Escrituras. Aunque se sostienen puntos de vista fuertes en ambos lados de este tema, ambos puntos de vista están de acuerdo en que cantar en la adoración corporativa es un medio de gracia válido e importante para el pueblo de Dios. Muchos eruditos e historiadores de la iglesia han argumentado que las grandes verdades de la Reforma fueron comunicadas a la gente común no solo a través de la predicación de los reformadores, sino también a través de los himnos bíblicos

---

El hecho de que el canto debe ser didáctico lo demuestran las palabras de Pablo a los Colosenses: "Que la palabra de Cristo habite en abundancia en ustedes, con toda sabiduría enseñándose y amonestándose unos a otros con salmos, himnos y canciones espirituales, cantando a Dios con acción de gracias en sus corazones" (Col 3:16).

que fueron escritos y cantados por la iglesia. No es coincidencia que el himnario o libro de cantos de las Escrituras —el libro de los Salmos— sea también un recurso principal para el estudio de muchas de las más importantes doctrinas del cristianismo, especialmente con respecto a la doctrina de Dios. El apóstol Pablo en su carta a los Colosenses también afirma esta relación entre la adoración y la Palabra: "Que la palabra de Cristo habite en abundancia en ustedes, con toda sabiduría enseñándose y amonestándose unos a otros con salmos, himnos y canciones espirituales, cantando a Dios con acción de gracias en sus corazones" (Col 3:16).

Las emociones bíblicas son un regalo agradable de parte de Dios, y la adoración bíblica ciertamente tiene el poder de mover las emociones de una manera que es conforme a la voluntad de Dios. Sin embargo, nuestra respuesta emocional a la música, el ritmo o la letra de un himno o coro no indica que sea apropiado. Debe ser probado por las Escrituras y debe comunicar las grandes verdades de las

Escrituras. ¡No es suficiente que el himno carezca de herejías, sino que también debe estar repleto de verdad! Cuando la música es silenciada y el ritmo se acaba, será la verdad de las Escrituras comunicada a través del himno lo que permanece.

EL GRAN TEMA DE LAS ESCRITURAS

Hemos establecido que las Escrituras son el gran medio a través del cual no solo somos salvos,[7] sino también santificados. Sin embargo, seríamos negligentes si no expusiéramos una verdad esencial: que el tema central de las Escrituras es la persona y la obra redentora del Señor Jesucristo. Él es la piedra angular de las Escrituras y debe estar al inicio, al centro y al final de toda nuestra lectura, estudio, memorización, meditación, predicación y canto.

Aunque el mensaje del evangelio entra en la categoría de las Escrituras, es un tema tan importante

---

[7] Desde la niñez has sabido las Sagradas Escrituras, las cuales te pueden dar la sabiduría que lleva a la salvación mediante la fe en Cristo Jesús (2Ti 3:15).

y exquisito que debe tratarse por separado. Muchos predicadores a lo largo de las épocas han afirmado que el polvo de la Biblia es oro, que la jota y la coma más pequeña de las Escrituras es más valiosa que todos los otros libros que se han escrito y se escribirán. Sin embargo, incluso en las Escrituras hay un mensaje, la única verdad que está por encima de todo: "que Cristo murió por nuestros pecados, conforme a las Escrituras; que fue sepultado y que resucitó al tercer día, conforme a las Escrituras" (1Co 15:3-4). En estas pocas afirmaciones se encuentra la mayor revelación de Dios y la totalidad de nuestra salvación.

El evangelio no es solo "el poder de Dios para la salvación de todo el que cree", sino que también es el mayor catalizador o incitador para nuestro avance y perseverancia en la fe (Ro 1:16). El apóstol Pablo escribió: "Pues el amor de Cristo nos apremia, habiendo llegado a esta conclusión: que Uno murió por todos, y por consiguiente, todos murieron. Y por todos murió, para que los que viven, ya no vivan para sí, sino para Aquel que murió y resucitó por ellos" (2Co 5:14-15).

En el evangelio de Jesucristo se encuentran todas las razones para la fe y todos los incentivos para el crecimiento, la perseverancia, el servicio y el sacrificio. Un destello de Cristo es suficiente para impulsar a un corazón regenerado a través de diez mil vidas de guerra espiritual, luchas con la carne, pruebas internas, persecuciones y debilitamiento físico. Fue un lejano destello de Cristo en el evangelio lo que movió a Moisés a abandonar Egipto y los placeres pasajeros del pecado, para sufrir aflicción con el pueblo de Dios y hacerle frente al gobernante más poderoso en la tierra.[8] Fue un destello de Cristo lo que movió a Pablo a entregarse a una vida de servicio incansable y martirio. Fue un destello de

---

[8] Por la fe Moisés, cuando ya era grande, rehusó ser llamado hijo de la hija de Faraón, escogiendo más bien ser maltratado con el pueblo de Dios, que gozar de los placeres temporales del pecado. Consideró como mayores riquezas el oprobio de Cristo que los tesoros de Egipto, porque tenía la mirada puesta en la recompensa (Heb 11:24–27)

Cristo lo que le dio la fortaleza a John Bunyan para pasar años tras las rejas por no negar su llamado a predicar el evangelio. Fue un destello de Cristo lo que envió a William Carey a India, a Hudson Taylor a China y a George Müller a los huérfanos de Bristol. Tomando prestado del escritor de Hebreos: "¿Y qué más diré? Pues el tiempo me faltaría para contar de…" (Heb 11:32) los incontables santos a lo largo de los siglos que hicieron y soportaron cosas extraordinarias debido a una singular motivación ¡que Cristo murió por los pecadores! Si quieres unirte a este estimado grupo en hazañas y perseverancias similares, entonces busca sobre todo a Cristo en las Escrituras y en la oración. Lo que el sabio dijo acerca de la sabiduría encuentra su máximo cumplimiento en Cristo ¡Él es más precioso que las joyas; y nada de lo que deseas se compara con Él![9]

---

[9] Es más preciosa que las joyas, y nada de lo que deseas se compara con ella (Pro 3:15)

PREGUNTAS Y REFLEXIONES DEL CAPÍTULO 1

1. ¿Cuál es el medio "principal" de gracia que Dios le ha dado al creyente? ¿Por qué debería ser considerado el principal o fundamental?

2. ¿Qué texto bíblico prueba la absoluta esencialidad de las Escrituras? ¿Qué verdad comunica?

3. ¿Estás de acuerdo con la siguiente declaración? "Si dudamos de alguna forma en afirmar la inspiración, la infalibilidad o la suficiencia de las Escrituras, entonces un fundamento seguro para la vida cristiana siempre permanecerá fuera de nuestro alcance". ¿Por qué?

4. ¿Qué significa la siguiente declaración? "La Biblia es un libro inspirado, pero no es un libro mágico. Sus palabras y sus verdades simplemente no saldrán volando de las páginas hacia el corazón y la mente de quien la posee. Para sacar provecho de las Escrituras debemos

estudiarlas y hacerlo con diligencia". ¿Estás de acuerdo?

5. ¿Cómo debemos estudiar las Escrituras? ¿Qué herramienta de estudio sugiere este capítulo? ¿Por qué?

6. De acuerdo con este capítulo, ¿qué tan importante es que nos unamos a una iglesia local y nos sentemos bajo la predicación expositiva de ancianos calificados?

7. ¿Cuáles son los tres lugares principales a través de los cuales se comunican las Escrituras en y a través de nuestra adoración pública? ¿Cuál es el significado de cada uno?

8. ¿Por qué el evangelio de Jesucristo debería ser el gran enfoque de todo nuestro estudio, predicación y adoración? Explica por qué Cristo y Su evangelio es el mayor incentivo en la vida cristiana.

2

LA ORACIÓN

Tanto la lectura diaria de la Biblia como la oración parecen luchar por el título de la disciplina más descuidada en la vida cristiana. A riesgo de sonar simplista, esta negligencia es la fuente de casi todas las enfermedades espirituales que afligen al creyente individual y a la iglesia colectivamente. Todos parecen estar de acuerdo en cuanto a la necesidad de la Palabra y la oración, e igualmente unánimes en admitir el descuido personal de ambos. Tanto los ministros como los laicos con frecuencia han dicho: "Nunca he sabido de un creyente moribundo que se lamentara de haber pasado demasiado tiempo en la Palabra de Dios y en la oración".

Todo esto debe llevarnos a una pregunta muy importante pero dolorosa: "¿Por qué se nos dificulta tanto orar?" La razón más obvia es nuestra carne y su obstinada autosuficiencia. Nuestra carne odia la oración en secreto porque es una negación de la autosuficiencia, no permite la gloria propia y desvía la admiración y el aplauso de los hombres hacia Dios. En cierto sentido, nuestra carne puede ser una guía para lo que es verdaderamente importante en la vida cristiana, aquello a lo que la carne más se opone es lo más esencial. ¿Y a qué se opone más nuestra carne que a la lectura de las Escrituras y a la oración privada?

Otra razón de nuestra lucha con la oración es nuestra simple falta de fe. La oración es una oportunidad para participar en lo milagroso y contemplar a Dios mientras que hace "más abundantemente de lo que pedimos o entendemos" (Ef 3:20). En Lucas 18:1-8, Jesús da uno de sus discursos más importantes sobre la disposición de Dios para responder a la oración perseverante. Luego termina con uno de los comentarios más tristes sobre la falta de fe y dedicación a la oración de Su pueblo: "No obstante, cuando el Hijo del Hombre venga, ¿hallará fe en la tierra?" (Lc 18:8).

Queridos hermanos y hermanas en Cristo no permitan que esta sea una descripción de nuestra generación. No estemos entre los que no tienen, porque no piden (Santiago 4:2). Dejemos a un lado la fuerza humana y sus débiles recursos y entregué- monos total y persistentemente a Dios en oración. ¿No prometió Él que: "… los ojos del Señor reco- rren toda la tierra para fortalecer a aquellos cuyo corazón es completamente Suyo" (2Cr 16:9)? Y de nuevo, "Ustedes que hacen que el Señor recuerde, no se den descanso, ni le concedan descanso has- ta que la restablezca, hasta que haga de Jerusalén una alabanza en la tierra" (Is 62:6-7). Cuanto me- nos confiemos en la carne y más nos entreguemos a Dios en oración, más veremos Su poder mila- groso obrando en nosotros y a través de noso- tros. Con promesas como estas, ¿cómo podemos desesperarnos? ¿Cómo no levantarnos y seguir adelante?

SIGUIENDO EL EJEMPLO DE CRISTO

Para exponer la insensatez de nuestra autosuficiencia, solo necesitamos compararnos con el hombre perfecto, el Dios hecho hombre, Jesucristo. Sin exagerar, podemos afirmar que fue un hombre de oración. Sus tres años de ministerio fueron posiblemente los más ocupados, tediosos y exigentes jamás registrados y, sin embargo, se destacó como un hombre de oración.

Muchos han dicho que, si leemos correctamente el Evangelio de Marcos, estaremos agotados después de solo unas cuantas páginas. Este libro está organizado como una serie de imágenes rápidas de Cristo mientras trabaja para cumplir la voluntad de Su Padre. Varias veces en el primer capítulo, encontramos palabras que denotan acciones consecutivas inmediatas, refiriéndose a las actividades de Cristo: *inmediatamente* Él salió de las aguas bautismales (*v*

10); *enseguida* el Espíritu lo impulsó a salir al desierto (v 12); *al instante* llamó a Juan y a Santiago (v 20); *enseguida* en el día de reposo entró en la sinagoga y comenzó a enseñar (v 21); *inmediatamente* después de que salieron de la sinagoga, entró en la casa de Simón y Andrés (v 29); y *enseguida* le hablaron de la suegra de Simón enferma y Él la sanó (vv 30-31). Posteriormente, el mismo día, Marcos registra: "A la caída de la tarde, después de la puesta del sol, trajeron a Jesús todos los que estaban enfermos y los endemoniados. Toda la ciudad se había amontonado a la puerta. Y sanó a muchos que estaban enfermos de diversas enfermedades, y expulsó muchos demonios; y no dejaba hablar a los demonios, porque ellos sabían quién era Él" (vv 32-34).

Todo el día y la noche, Cristo se había dedicado a hacer la voluntad de Su Padre y a satisfacer las necesidades de Su pueblo. Ni siquiera sabemos si durmió algo esa noche, pero sí sabemos que, "Levantándose muy de mañana, cuando todavía estaba oscuro, Jesús salió y fue a un lugar solitario, y allí oraba." (v 35). Es importante señalar que este texto *no* debe usarse como una norma para descuidar el sueño o renunciar a la necesidad de descansar, sino solo para demostrar que Jesús reconoció la absoluta necesidad de la oración.

La devoción de Cristo a la oración se confirma más adelante en el Evangelio de Lucas y sus numerosas referencias a la vida de oración de Jesús. Oró en Su bautismo (Lc 3:21). Él "salió y se fue a un lugar solitario" para orar mientras la multitud lo buscaba (Lc 4:42). En medio de un ministerio intenso, con frecuencia "se retiraba a lugares solitarios y oraba" (Lc 5:15-16). Antes de elegir a Sus discípulos, "se fue al monte a orar, y pasó toda la noche en oración a Dios" (Lc 6:12). Él había estado "orando a solas" antes de anunciar Su muerte venidera a Sus discípulos (Lc 9:18-22).

Estas referencias a la vida de oración de Cristo culminan cuando Lucas nos dice que: "estando Jesús orando en cierto lugar, cuando terminó, le dijo uno de Sus discípulos: 'Señor, enséñanos a orar'"

(Lc 11:1). ¡Imagina eso! Nunca se registra que los discípulos le pidieran a Jesús que les enseñara a caminar sobre el agua, a sanar a los enfermos, a resucitar a los muertos o incluso a predicar, pero sí pidieron esta única cosa "¡Enséñanos a orar!". ¿Podría ser que lo más espectacular o asombroso de Cristo fuera Su vida de oración? ¡Su comunión con Dios no se parecía a nada que los discípulos hubieran presenciado en un hombre y querían saber orar como Él oraba!

Por supuesto, debemos procurar amoldar todos los aspectos de nuestro carácter y ministerio a Cristo. Pero al esforzarnos por alcanzar el carácter y el ministerio, no descuidemos el amoldarnos a la vida devocional o de oración de Cristo. "Porque toda la plenitud de la Deidad reside corporalmente en Él" (Col 2:9), y, sin embargo, Él también era un hombre real y, como hombre, es nuestro ejemplo.[1] Obtuvo

---

[1] En 1 Timoteo 2:5, el apóstol Pablo se refiere al Hijo divino como "Cristo Jesús hombre". En otra carta escribe: "Sean imitadores de mí, como también yo lo soy de Cristo" (1Co 11:1).

Su dirección y fuerza del Padre a través del Espíritu Santo en oración. ¡Cuánto más debemos reconocer la misma necesidad y dedicarnos a la oración!

APRENDIENDO DE CRISTO

En el tema de aprender cómo orar y dar contenido a nuestras oraciones hay dos extremos. En un extremo, están aquellos que ignoran o descuidan las enseñanzas de las Escrituras y oran de acuerdo con lo que es correcto a sus propias ideas o de acuerdo con los diversos impulsos de sus emociones. Si bien pueden afirmar que tienen la dirección del Espíritu Santo, a menudo son culpables de orar de una manera que contradice la voluntad del Espíritu tal como se revela en las Escrituras. En el otro extremo, están aquellos que se jactan de ser totalmente bíblicos porque su vida de oración consiste simplemente en leerle a Dios oraciones bíblicas y promesas. Si bien esta puede ser una práctica edificante con moderación, está fuera de la enseñanza de las Escrituras prohibir o desalentar la oración espontánea que se basa y se guía por las Escrituras. Si elimináramos toda oración excepto la lectura de las Escrituras a Dios, entonces también debemos eliminar la exposición de las Escrituras en la predicación y permitir solo la lectura pública del texto bíblico.

En contraste con los extremos mencionados anteriormente, la práctica de los santos bíblicos y devotos a lo largo de la historia de la iglesia ha sido la de renovar sus mentes —cultivar la mente de Cristo— a través del estudio de las Escrituras. De acuerdo con este régimen completamente bíblico, debemos estudiar completamente el consejo de Dios en las Escrituras, aumentar nuestro conocimiento de la persona y las obras de Dios, avanzar en nuestra comprensión de quiénes somos ante Dios en Cristo y madurar en nuestro discernimiento de la voluntad y las promesas de Dios tal como se revelan en las Escrituras. Además, debemos dedicarnos al estudio de la doctrina de la oración y meditar en las oraciones que se encuentran en las Escrituras. En la medida en que "reflexiona[mos] sobre estas cosas; dedícate a ellas" para que nuestro "aprovechamiento [de la oración bíblica] sea evidente a todos" (1Ti 4:15).

En las Escrituras abundan ejemplos de oraciones de las que podemos aprender mucho, pero una se destaca por encima de las demás. En Lucas 11:1, los discípulos le dijeron a Jesús: "Enséñanos a orar". En respuesta, Jesús les enseñó lo que se conoce como la oración del Padrenuestro. Como dijo Moisés con respecto a la zarza ardiente, debemos acercarnos "para ver esta maravilla" (Ex 3:3).

Los evangélicos a menudo han evitado usar el Padrenuestro como modelo para la oración bíblica debido a su mal uso en el catolicismo romano. Sin embargo, no podemos justificar el no uso por el mal uso de otra persona. Es un hecho asombroso que la única vez en las Escrituras en la que alguien le pidió a Jesús que les enseñara a orar, Él los dirigió a la oración del Padrenuestro. Él dijo:

"Ustedes, pues, oren de esta manera:
'Padre nuestro que estás en los cielos,
Santificado sea Tu nombre.
Venga Tu reino.
Hágase Tu voluntad,
   así en la tierra como en el cielo.
Danos hoy el pan nuestro de cada día.
Y perdónanos nuestras deudas,
   como también nosotros
   hemos perdonado a nuestros deudores.
Y no nos dejes caer en tentación,
   sino líbranos del mal.
Porque Tuyo es el reino y el poder y la
   gloria para siempre. Amén'". (Mt 6:9-13)

La primera joya que se nos da en esta oración es la apropiada actitud de oración, un equilibrio entre familiaridad y reverencia. Dios es nuestro Padre amoroso y perfectamente reconciliado con quien podemos conversar libremente sin temor a la condenación. Y, sin embargo, siempre debemos recordar que nuestro Padre es el Rey de los cielos, el Señor de todo y merecedor de nuestra mayor reverencia. Muchos maestros de la Biblia adecuadamente han dado mucha importancia al discurso: "Abba Padre". Pablo animó a los creyentes en Roma, "Pues ustedes no han recibido un espíritu de esclavitud para volver otra vez al temor, sino que han recibido un espíritu de adopción como hijos, por el cual clamamos: '¡Abba, Padre!'" (Ro 8:15). Y de nuevo, a la iglesia en Galacia, escribió: "Y porque ustedes son hijos, Dios ha enviado el Espíritu de Su Hijo a nuestros corazones, clamando: '¡Abba! ¡Padre!'" (Ga 4:6). Ciertamente, estos textos nos animan grandemente a orar, ya que nos aseguran que tenemos una relación íntima paternofilial con Dios. Sin embargo, la enseñanza común de que "Abba" es el equivalente arameo de la expresión en español "papi" es infundada y dañina. Debemos entender que, en el contexto del Medio Oriente del primer siglo, *abba* claramente comunicaba cariño e intimidad, pero sin deshacer la reverencia que era apropiada en una relación padre-hijo. El término en español "papi" es totalmente inadecuado, ya que no comunica la reverencia requerida para acercarse al Santo de Israel, quien dijo: "Como santo seré tratado por los que se acercan a Mí, y en presencia de todo el pueblo seré honrado" (Lv 10:3).

La segunda gema que descubrimos en esta oración es como un diamante multifacético; hay tres peticiones individuales que están íntimamente relacionadas entre sí. Estas peticiones deben ser nuestra pasión controladora y deben representar la mayor porción de todas nuestras oraciones. Deben orarse con respecto al cristiano individual, la iglesia en general y la humanidad entera. En la primera petición, "Santificado sea Tu nombre", oramos para que el nombre de Dios sea reconocido como separado, inconfundible y por encima de todos los demás nombres y que Él sea honrado como tal. Por nosotros mismos y por la iglesia, le pedimos a Dios que podamos crecer en nuestra estimación de Él y nuestra devoción a Él; que permanezca en una categoría completamente separada en nuestros corazones, por encima de todos los demás amores y sin que compita con otras lealtades. Por el mundo incrédulo estamos orando para que el evangelio avance, elimine la ceguera espiritual de las naciones y les de un corazón nuevo para que puedan estimar la persona y la voluntad de Dios por encima de todas las cosas.

En la segunda petición, "Venga Tu reino", le estamos pidiendo a Dios que Su soberano y legítimo gobierno se convierta en una realidad cada vez mayor en nosotros individualmente y en la iglesia colectivamente; para que podamos rendirle la totalidad de nosotros: corazón, alma, mente y fuerza; y que sea reconocido como Rey de reyes en cada momento, categoría y detalle de nuestras vidas. Por el mundo incrédulo estamos orando para que cese su guerra contra Dios y reconozca Su derecho a gobernar en cada persona, institución y situación; que cada faceta de la sociedad, el gobierno, la cultura, el arte y la ciencia lo reconozcan como Señor y aplaudan Su derecho soberano a gobernar.

En la tercera petición, "Hágase Tu voluntad así en la tierra como en el cielo", le pedimos a Dios que nuestra entrega interior a Su señorío se manifieste en obediencia y servicio externos y activos; para que podamos vivir delante de Él en la tierra como un día lo haremos en el cielo. Con respecto al mundo incrédulo, estamos orando para que el evangelio avance de tal manera que reconcilie a "todas las naciones, tribus, pueblos y lenguas" con Dios y los lleve a una sumisión voluntaria y gozosa al Rey de reyes y Señor de señores(Ap 7:9).

Estas tres peticiones son una revelación del corazón o la pasión de Cristo y, por lo tanto, deben ser la pasión central de nuestra vida y estar en el centro de toda nuestra oración. Como pueblo de Dios, tenemos una gran preocupación —que Su nombre sea santificado, que venga Su reino y que se haga Su voluntad— en nosotros, en la iglesia y en todo el mundo. Cualquier otro deseo o necesidad, no importa cuán válido sea, sigue siendo secundario. Incluso las peticiones que siguen en la oración del Padrenuestro deben entenderse en el contexto de esta única preocupación. Nuestras peticiones de sustento diario, de poder sobre la tentación y de unidad en la iglesia son simplemente para que podamos trabajar con mayor enfoque y eficiencia para la honra del nombre de Dios, el avance de Su reino y el hacer Su voluntad. ¡Podemos estar seguros de que Dios honrará tal oración!

Junto con la oración del Padrenuestro, también hay una innumerable cantidad de oraciones registradas en las Escrituras con respecto a la santificación en general, la claridad para comprender las Escrituras y la guía y el poder para la vida cristiana. Para tratar brevemente incluso una décima parte de ellas se necesitarían varios tomos. Sin embargo, ellas están esperando que las encuentres en las Escrituras. Todo lo que se requiere es una voluntad que se demuestre en un estudio diligente.

LA ORACIÓN PRIVADA Y CORPORATIVA

Existen dos contextos importantes de la oración y ambos son esenciales en el crecimiento del cristiano hacia la madurez. El primero es la oración privada o secreta. Esto incluye adoración personal, acción de gracias, comunión y la expresión de todo tipo de petición bíblica. La oración privada es absolutamente esencial en nuestro estudio de las Escrituras, ya que tenemos una constante necesidad de la ayuda del Espíritu. Es el Espíritu de Dios quien nos ilumina para comprender las Escrituras[2] y quien nos fortalece para obedecerlas.[3] La oración privada y la comunión personal también nos protegen contra una fe que es totalmente cerebral, intelectual o académica en lugar de transformadora, relacional y práctica. Siempre debemos recordar que el verdadero cristianismo es más que una verdad autoritaria revelada a través de un libro inspirado e infalible. También es una relación personal, transformadora

---

[2]   1 Corintios 2:12; 1 Juan 2:20; Efesios 1:15-19

[3]   Efesios 3:14-16; Colosenses 1:29

y receptiva con el Dios que es revelado a través de ese libro.

Acompañando nuestra vida de oración privada o secreta debe estar una participación en la vida de oración pública o corporativa de la iglesia. Con respecto al templo físico en Jerusalén, Jesús declaró: "Escrito está: 'MI CASA SERÁ CASA DE ORACIÓN'".[4] ¡Cuánto más se puede aplicar esta cita de Isaías al templo espiritual de Cristo, la iglesia![5] Del Libro de los Hechos, aprendemos que la iglesia primitiva estaba dedicada a la oración corporativa. Lucas registra: "Y se dedicaban continuamente a las enseñanzas de los apóstoles, a la comunión, al partimiento del pan y a la oración" (Hch 2:42).

En muchas iglesias hoy, la oración corporativa sufre del mismo descuido que la lectura pública de las Escrituras. Cuando se practica, a menudo es poco más que una reunión donde se comparten noticias o incluso chismes durante un período

---

4   Lucas 19:46; Isaías 56:7

5   1 Corintios 3:16-17; 6:19; 2 Corintios 6:16; Efesios 2:21

prolongado, y luego se concluye la reunión con unos minutos de oración general. Tampoco es raro que la oración corporativa de la iglesia se enfoque principalmente en las necesidades físicas de la congregación, mientras que las mayores necesidades del reino, como se manifiesta en la oración del Padrenuestro, se pasan por alto por completo.

Para restaurar el lugar que le corresponde a la oración corporativa o pública en la congregación local, los ancianos deben tomar la iniciativa. No solo deben apartar tiempo para la oración e instruir a la congregación sobre la importancia de la oración, sino que también deben enseñar a la iglesia cómo orar bíblicamente y corregir las actitudes y prácticas no bíblicas que surgirán en las reuniones corporativas de oración. Cabe señalar que la restauración de la oración al lugar que le corresponde en la congregación será casi imposible mientras los líderes de la iglesia (especialmente en Occidente) continúen promoviendo las reuniones de la iglesia como eventos que satisfagan los caprichos carnales de los inconversos y entretengan a la gente inmadura. Que Dios levante ancianos que, como los apóstoles del primer siglo, declaren con solemne convicción, "Y nosotros nos entregaremos a la oración y al ministerio de la palabra" (Hch 6:4) y guíen a la iglesia a hacer lo mismo.

PREGUNTAS Y REFLEXIONES
DEL CAPÍTULO 2

1. ¿Qué opinas de la siguiente afirmación? "Tanto los ministros como los laicos con frecuencia han dicho: 'Nunca he sabido de un creyente moribundo que se lamentara de haber pasado demasiado tiempo en la Palabra de Dios y en la oración'". ¿Cómo se puede aplicar esta declaración a tu propia vida?

2. ¿Cuáles son las dos razones principales por las que se nos hace tan difícil la oración?

3. ¿Cómo demostró Jesús en Su vida que era un hombre de oración? ¿Cómo debemos seguir Su ejemplo?

4. ¿Cuáles son los dos extremos que debemos evitar al aprender a orar bíblicamente? ¿Cómo aprendieron a orar los santos bíblicos y devotos a lo largo de la historia de la iglesia?

5. ¿Por qué debemos considerar la oración del Padrenuestro como esencial para nuestra comprensión de la oración bíblica?

6. Explica brevemente el significado de cada una de las frases de la oración del Padrenuestro.

7. Describe la oración personal o privada y su importancia.

8. ¿Qué lugar tenía la oración pública y corporativa en la vida de la iglesia primitiva? ¿Qué se debe hacer para restaurar esta práctica en la iglesia de hoy?

3

EL ARREPENTIMIENTO
Y LA CONFESIÓN

Nuestros antepasados espirituales rara vez mencionaron el arrepentimiento y la confesión por separado como medios de gracia porque eran considerados elementos esenciales de la oración. En otras palabras, cualquier discurso sobre la oración como un medio de gracia habría naturalmente incluido el arrepentimiento y la confesión. Sin embargo, debido a que hay tantos malentendidos y negligencia en la iglesia contemporánea con respecto al arrepentimiento y la confesión, siento la necesidad de escribir sobre ellos por separado como medios de gracia.

En la cultura contemporánea y en gran parte del evangelicalismo, el arrepentimiento y la confesión de pecados con frecuencia se consideran de manera adversa o, en el mejor de los casos, como males necesarios. La psicología moderna nos ha enseñado a proteger nuestro ego a toda costa, incluso si debemos negar la realidad o mentirnos unos a otros y a nosotros mismos. Para empeorar las cosas, gran parte de la predicación evangélica parece estar diseñada para evadir estos temas de modo que la luz de las Escrituras nunca exponga nuestra maldad o nos haga sentir incómodos. Parece que estamos decididos a mantener el *statu quo* de "Yo estoy bien… tú estás bien", aunque todo apunta a lo contrario. Como resultado, nuestra conciencia es afligida por un angustiante sentimiento de culpa, nuestra paz es cambiada por un profundo y permanente sentido de alejamiento de Dios, y la victoria es devorada por una derrota casi continua. ¿Cuál es el remedio para esta enfermedad frecuente que acosa al cristiano? Como suele ser el caso, la medicina que necesitamos es la misma medicina que estamos más inclinados a evitar ¡el arrepentimiento y la confesión! Visto a través de los ojos del mundo, el carnal y el no instruido, el arrepentimiento y la confesión son degradantes y destructivos. Pero desde el punto de vista bíblico, son un regalo de Dios, un medio de gracia que lleva a la restauración, la paz y el gozo.

Si vamos a caminar con Cristo con la confianza y el gozo que Él desea, debemos apartarnos de las ideologías del mundo y adoptar la cura que se encuentra en las Escrituras. Las opciones opuestas del mundo y la Palabra, no pueden mezclarse y recetarse juntas, excepto para el daño del paciente. Debemos rechazar los remedios del mundo que simplemente quieren cubrir la herida abierta del pecado. Debemos adoptar el remedio de la Palabra que nos dice que removamos la costra y limpiemos la herida.

EL ARREPENTIMIENTO

En el Nuevo Testamento, la palabra "arrepentirse" con frecuencia es traducida del verbo en griego *metanoéo*, que está compuesto a partir del verbo *noéo* (percibir o entender) y la preposición *meta* que denota cambio. Por lo tanto, el arrepentimiento implica un cambio radical en la percepción de las cosas o en la visión de la realidad misma. En las Escrituras, este cambio de mentalidad no se limita al intelecto, sino que tiene un efecto igualmente radical sobre las emociones y la voluntad.

Un término en hebreo que añade a nuestro entendimiento del arrepentimiento es el verbo *nacham*. Se deriva de una raíz que refleja la idea de "respirar profundo", comunicando la manifestación física de los sentimientos personales, tales como la tristeza, el remordimiento o el arrepentimiento.[1] Por lo tanto, el arrepentimiento bíblico no solo implica un cambio de mentalidad con respecto al pecado, sino también un genuino pesar por el pecado.

---

[1] *Theological Workbook of the Old Testament* [*Libro de trabajo teológico del Antiguo Testameto*], R. Laird Harris, Gleason L. Archer, Jr., Bruce K. Waltke (Chicago: Moody, 1980), 2:570

La más mínima y verdadera comprensión de nuestra naturaleza pecaminosa y la culpa darán lugar a una tristeza genuina, vergüenza e incluso un sano odio o aversión a nuestro pecado y nuestra carne. Esdras, el escriba, declaró que estaba "avergonzado y confuso para poder levantar" su rostro a Dios a causa de los pecados de Israel (Esd 9:5-6). El profeta Jeremías clamó: "Acostémonos en nuestra vergüenza, y que nos cubra nuestra humillación, porque hemos pecado contra el Señor nuestro Dios" (Jer 3:25). El profeta Ezequiel incluso fue tan atrevido como para declarar que cuando el Israel desobediente finalmente reconociera la naturaleza abominable de su pecado contra el Señor, se aborrecería a sí mismo por todas las iniquidades que había cometido (Ez 20:43). Finalmente, escribiendo a los creyentes en Roma, el apóstol Pablo señaló que aún estaban avergonzados por las cosas que habían hecho antes de su conversión (Ro 6:21). Dicha conversación parece fuera de lugar en un mundo y una comunidad evangélica que están invadidos por la psicología de la autoestima. Sin embargo, la tristeza, la vergüenza y el odio a uno mismo son verdades bíblicas y una parte esencial del arrepentimiento genuino en ambos Testamentos.

Para entender el arrepentimiento debemos considerarlo desde dos perspectivas: el arrepentimiento para salvación en el momento de nuestra conversión y el arrepentimiento continuo para santificación a lo largo de todo el curso de la vida cristiana. En el momento de nuestra conversión, el Espíritu Santo regeneró nuestros corazones, iluminó nuestras mentes y expuso nuestras faltas y pecados mediante la revelación de la verdad divina. Como resultado de esta obra divina, nuestra mente fue cambiada y nuestra visión de la realidad fue alterada radicalmente, especialmente con respecto a Dios, a nosotros mismos, al pecado y al camino de la salvación. Pasamos de la incredulidad y la autonomía, a la fe y la sumisión a la voluntad de Dios. Después de la conversión, el Espíritu Santo continúa la obra de arrepentimiento al continuar revelándonos la verdad divina, para que cada vez, con mayor claridad, veamos el carácter de Dios y nos veamos a nosotros mismos en una luz siempre en aumento. Y es en esta luz que nuestros pecados son expuestos y somos llevados al arrepentimiento y la confesión. Esto es a lo que muchos de los teólogos y predicadores de la vieja escuela se referían como el "Camino del Calvario"[2], ¡y es el único camino hacia la libertad y el gozo!

Para comprender cómo el arrepentimiento y la confesión llevan a la vida, primero debemos entender que cualquier tipo de pecado es una enfermedad mortal para la vida cristiana. Contamina[3],

---

[2]   El libro de Roy Hession, *The Calvary Road* [*El camino del calvario*] (Fort Washington, Pa.: Christian Literature Crusade, 1990), edición en español por editorial CLC en 2004, es una obra maravillosa sobre el tema del arrepentimiento bíblico que conduce a la vida al gozo y a una mayor santificación.

[3]   "Todos nosotros somos como el inmundo, y como trapo de inmundicia todas nuestras obras justas" (Is 64:6). "Has profanado la tierra con tu prostitución y tu maldad" (Jer 3:2).

esclaviza[4], hace miserable y eventualmente mata todo lo que toca.[5] Sobre todo, impide la comunión del creyente con Dios y su utilidad para Dios. Si bien es una verdad digna de toda aceptación, que nada puede separar al creyente del amor de Dios que es en Cristo Jesús nuestro Señor (Ro 8:39), es igualmente verdad que el pecado impide la comunión terrenal con Dios. El salmista clamó: "Si observo iniquidad en mi corazón, el Señor no me escuchará" (Sal 66:18). El profeta Isaías valientemente declaró al Israel descarriado: "La mano del Señor no se ha acortado para salvar; ni Su oído se ha endurecido para oír. Pero las iniquidades de ustedes han hecho separación entre ustedes y su

---

[4]   "Jesús les respondió: 'En verdad les digo que todo el que comete pecado es esclavo del pecado'" (Jn 8:34). "¿No saben ustedes que cuando se presentan como esclavos a alguien para obedecerle, son esclavos de aquel a quien obedecen, ya sea del pecado para muerte, o de la obediencia para justicia?" (Ro 6:16).

[5]   Después, cuando la pasión ha concebido, da a luz el pecado; y cuando el pecado es consumado, engendra la muerte (Stg 1:15).

Dios, y los pecados le han hecho esconder Su rostro para no escucharlos" (Is 59:1-2).

Una vista superficial de la naturaleza corrupta y mortal del pecado en la vida del creyente, y su efecto en la comunión con Dios, debería impulsarnos a buscar un remedio rápido y digno. Debería hacer que tengamos la disposición de administrarnos a nosotros mismos ese remedio una y otra vez a lo largo de toda nuestra vida. Ese remedio es el arrepentimiento y es más efectivo cuando saturamos nuestras mentes con las Escrituras, tenemos comunión con una iglesia bíblica local y estamos decididos a tratar radicalmente con el pecado cuando es expuesto.

En primer lugar, nos volvemos sensibles a nuestro pecado y nuestra necesidad de arrepentimiento conforme saturamos nuestras vidas con la Palabra de Dios. Como dijo David, hay una conexión directa entre la llenura del corazón con la Palabra de Dios y la capacidad para huir del pecado (Sal 119:11). Aquí debemos reconocer la absoluta esencialidad de la Palabra de Dios para hacer al creyente cada vez más sensible al pecado. Aunque la convicción del pecado es la obra del Espíritu Santo (Jn 16:8), la espada o el bisturí que el Espíritu empuña para cortar el corazón es la Palabra de Dios. De nuevo, debemos reiterar lo que fue dicho anteriormente. Cuanto más veamos la luz de Dios a través de nuestro estudio de la Palabra, más nos veremos a nosotros mismos a través de esa luz. Conforme crecemos en la Palabra, los pecados que antes estaban ocultos son expuestos y aprendemos a ver el pecado como Dios lo ve, a odiarlo con pasión santa y a rechazarlo con compromiso. La obra del Espíritu de exponer el pecado oculto en nuestras vidas a menudo puede ser muy dolorosa, agonizante y desgarradora, pero es el camino seguro hacia la cura. Una persona que no está consciente que tiene cáncer puede estar feliz en su ignorancia, pero es una ignorancia mortal que ciertamente le traerá muerte. Sin embargo, el paciente que se entera de su cáncer puede sufrir por un tiempo, pero la noticia que rompe su corazón finalmente le salvara la vida.

En segundo lugar, nos volvemos sensibles a nuestro pecado y necesidad de arrepentimiento conforme vivimos nuestra vida cristiana en comunión con creyentes genuinos en una iglesia local visible. Esta generación con frecuencia ignora e incluso descuida esto. Sin embargo, es absolutamente esencial. Dios ha determinado que cada creyente debe crecer en el contexto de ancianos piadosos, maestros fieles y la comunión de los santos. El Antiguo Testamento afirma: "El hierro con hierro se afila, y un hombre aguza a otro" (Pro 27:17). El Nuevo Testamento es aún más explícito. El apóstol Pablo escribe que una de las principales tareas de los ministros de Cristo es "predicar la palabra. Insistir a tiempo y fuera de tiempo. Amonestar, reprender, exhortar con mucha paciencia e instrucción" (2Ti 4:2). Este tipo de ministerio no se limita a los ministros de Cristo, sino que se extiende a toda la congregación. Nuevamente, Pablo escribe a la iglesia en Colosas: "Que la palabra de Cristo habite en abundancia en ustedes, con toda sabiduría enseñándose y amonestándose unos a otros con salmos, himnos y canciones espirituales" (Col 3:16). Con esto el escritor de Hebreos concuerda: "Mantengamos firme la profesión de nuestra esperanza sin vacilar, porque fiel es Aquel que prometió. Consideremos cómo estimularnos unos a otros al amor y a las buenas obras, no dejando de congregarnos, como algunos tienen por costumbre, sino exhortándonos unos a otros, y mucho más al ver que el día se acerca" (Heb 10:23-25).

Si nos aferramos a la inspiración, la infalibilidad y la suficiencia de las Escrituras, no podemos considerar ni por un solo momento que podemos vivir la vida cristiana en su plenitud o alcanzar la madurez que le agrada a Dios fuera de nuestra participación constante y práctica en una iglesia bíblica local. Allí encontraremos motivación para seguir adelante, dirección sobre la forma en que debemos caminar, corrección cuando nos hemos equivocado o desviado y disciplina en caso de que nuestro corazón se haya endurecido y estemos siendo tercos. Si no puedes encontrar esto en tu iglesia, ¡entonces tu iglesia simplemente no es bíblica!

En tercer lugar, una vez que el Espíritu expone el pecado a través de la Palabra, debe ser tratado severa y radicalmente, y sin excusas ni demora. Jesús declaró a Sus discípulos: "Si tu ojo derecho te hace pecar, arráncalo y tíralo; porque te es mejor que se pierda uno de tus miembros, y no que todo tu cuerpo sea arrojado al infierno. Y si tu mano derecha te hace pecar, córtala y tírala; porque te es mejor que se pierda uno de tus miembros, y no que todo tu cuerpo vaya al infierno" (Mt 5:29-30). Por supuesto, esto es una hipérbole,[6] pero comunica de manera correcta y poderosa cómo debemos tratar con nuestro pecado cuando es revelado. Debemos renunciar a él sin duda, compromiso o excusa.

---

[6] *Hipérbole:* Una declaración exagerada que no se debe tomar literal, sino que busca enfatizar la importancia de la verdad que está siendo comunicada.

Debemos ejecutar un juicio rápido sobre él, clavando la Palabra de Dios a su corazón y echándolo de nosotros con desprecio.

LA CONFESIÓN DE PECADO[7]

Es extremadamente importante entender que el arrepentimiento genuino no solo implica un pesar interno del corazón y un alejamiento genuino del pecado, sino que también incluye una confesión abierta de que la opinión de Dios acerca de nosotros es verdadera y Su veredicto es justo: *¡hemos pecado!* En otras palabras, el arrepentimiento bíblico siempre implica reconocer lo que hemos hecho.

Esta verdad va en contra de nuestra cultura contemporánea. Somos personas que nos excusamos y nos justificamos a nosotros mismos y que nunca tenemos la culpa, sino que siempre somos la víctima de algún poder malicioso, a menudo sin

---

[7] Parte del contenido de esta sección ha sido adaptado del libro de Paul Washer, *El llamado del evangelio y la conversión verdadera* (Medellín: Poiema Publicaciones, 2017), 3-21.

nombre, que está fuera de nuestro control. Encontramos o inventamos los medios más astutos de atribuir nuestros pecados a cualquier cosa o persona ajena a nosotros mismos. Con orgullo señalamos a la sociedad, la educación, la crianza o las circunstancias y nos horrorizamos, e incluso, nos enojamos ante la más mínima sugerencia de que la culpa sea nuestra. Sin embargo, en el momento de la conversión, esta opinión de la época es radicalmente alterada. Por primera vez en nuestras vidas, volteamos la acusación hacia nosotros mismos y reconocemos honestamente el mal que hemos hecho. Callamos la boca y nos hacemos responsables ante Dios (Ro 3:19). No ofrecemos ninguna excusa ni buscamos escapatoria excepto Su misericordia, que es posible gracias al sufrimiento de Cristo en nuestro lugar.

Este reconocimiento personal de culpa —esta actitud de asumir la completa responsabilidad de nuestros actos— también irá acompañado de una honesta transparencia ante Dios y una sincera confesión de nuestro pecado. La palabra "confesar" es traducida de la palabra en griego *homologéo*, que se compone de las palabras *homos*, que significa "mismo", y *logos*, que significa "palabra". Sugiere la idea de *hablar lo mismo, es decir,* que la confesión es estar verbalmente de acuerdo con Dios en que hemos pecado y que nuestro pecado es detestable. Cuando esa confesión es genuina, también va acompañada de pesar, quebrantamiento, remordimiento y arrepentimiento. Cuando el Espíritu Santo, a través de la Palabra, o de la represión de alguien más, nos dice que hemos pecado, debemos decirle de vuelta lo mismo a Dios en confesión. Por ejemplo, si nos muestra que hemos sido egocéntricos, impacientes o que no hemos sido amorosos, entonces debemos confesar: "Señor, lo que dices de mí es verdad. He sido egocéntrico, impaciente y no he sido amoroso. Por favor perdóname por amor a Tu gran nombre y con base en la expiación de Tu Hijo".

Nota los tres elementos esenciales de la confesión bíblica. Primero, el que confiesa no dice: "Si he pecado", ni habla del pecado en general, sino que confiesa pecados específicos que el Espíritu Santo le ha revelado de acuerdo con la Palabra infalible de Dios.[8] Segundo, la confesión genuina no ofrece excusas, ni intenta transferir la culpa a alguien más, sino que acepta completamente su responsabilidad por el pecado o los pecados que se han cometido. Tercero, la esperanza de perdón no se basa en los méritos acumulados del creyente por buenas obras pasadas, sino únicamente en el sacrificio de Jesucristo en su lugar. El creyente maduro reconoce que la única forma de esperar perdón de Dios es "que Cristo murió por nuestros pecados, conforme a las Escrituras; que fue sepultado y que resucitó al tercer día, conforme a las Escrituras" (1Co 15:3-4).

---

[8]   Es importante señalar que la obra de convicción subjetiva del Espíritu Santo siempre estará de acuerdo con la sana doctrina de la Palabra escrita.

Hay un cuarto elemento esencial de la confesión que no está explícito en la oración arriba mencionada y que se debe resaltar y enfatizar, ya que, sin él, el arrepentimiento es absurdo e inútil. Este es la fe. Debemos creer en las promesas de Dios que ofrecen perdón y limpian incluso los pecados más grandes del quebrantado y contrito. Una de las cosas más difíciles, aún para el creyente más maduro, es comprender la magnitud del perdón de Dios. Cuando lo entendemos correctamente, Su gracia parecerá demasiado buena para ser verdad ¡incluso equivocada! Y lo sería, si no fuera por la cruz de nuestro Señor y Salvador Jesucristo, quien pagó la deuda del pecado para satisfacer la justicia divina y para apaciguar la ira divina. Fuera de una correcta visión de la cruz, seríamos propensos a clamar en medio de nuestro pecado como Pedro lo hizo: "¡Apártate de mí, Señor, pues soy hombre pecador!" (Lc 5:8). Pero una mirada sincera al Calvario le demostrará al corazón más frágil que una fuente ha sido abierta para lavar el pecado y la impureza

(Zac 13:1). Y animará a ese frágil corazón a clamar: "Perdona, te ruego, la iniquidad de este pueblo conforme a la grandeza de Tu misericordia" (Nm 14:19).

Debemos aferrarnos firmemente a las promesas de Dios porque somos demasiado propensos a pensar que Él de alguna manera es como nosotros (Sal 50:21), y que Su misericordia, gracia y perdón tienen las mismas limitaciones y restricciones que los nuestros. Debemos siempre recordar que "Porque como los cielos son más altos que la tierra, así Mis caminos son más altos que sus caminos, y Mis pensamientos más que sus pensamientos" (Is 55:9). Pensamos de nosotros mismos como magnánimos porque nos jactamos de extender perdón hasta siete veces, y olvidamos que la gracia de Dios no se acaba en setenta veces siete.[9] También se nos dificulta

---

[9]   Entonces acercándose Pedro, preguntó a Jesús: "Señor, ¿cuántas veces pecará mi hermano contra mí que yo haya de perdonarlo? ¿Hasta siete veces?", Jesús le contestó: "No te digo hasta siete veces, sino hasta setenta veces siete" (Mt 18:21–22).

comprender y aprovechar el perdón de Dios debido a las acusaciones del diablo en contra de nosotros, su difamación del carácter de Dios, su desprecio de la eficacia de la cruz y su negación de la naturaleza incondicional de la gracia. Si el diablo no puede restarle importancia a nuestro pecado para que no veamos la necesidad de arrepentimiento, entonces magnificará nuestro pecado para hacernos creer que, aunque necesitamos el perdón, no podemos obtenerlo y que hemos sobrepasado los límites de la gracia divina y nos encontramos sin esperanza. Si esto no se logra, el diablo al menos nos hará dudar de la bondad de Dios y nos convencerá de alejarnos de Él hasta un período de tiempo apropiado cuando la ira de Dios se haya calmado y hayamos probado la sinceridad de nuestro quebrantamiento. Las mentiras del diablo son fuertes y han derribado a santos más grandes que tú y yo. El único escudo o baluarte en contra de su flecha en llamas es aferrarse a las promesas de Dios. Una buena regla de oro en esta guerra es esta: aunque Dios puede exponer nuestro pecado con una terrible franqueza y una reprensión dolorosa, siempre concluirá el asunto con la exhortación de que corramos a Él y no de Él. Cualquier voz que aleje de Dios al creyente pecador es de la carne, del mundo y del diablo. ¡No es de Dios! Las Escrituras testifican que el pesar piadoso a causa del pecado es altamente estimado por Él:

> Los sacrificios de Dios son el espíritu contrito; al corazón contrito y humillado, oh Dios, no despreciarás (Sal 51:17).

> Porque así dice el Alto y Sublime que vive para siempre, cuyo nombre es Santo: "Yo habito en lo alto y santo, y también con el contrito y humilde de espíritu, para vivificar el espíritu de los humildes y para vivificar el corazón de los contritos (Is 57:15).

Pero a este miraré: Al que es humilde y contrito de espíritu, y que tiembla ante Mi palabra (Is 66:2).

Bienaventurados los que lloran, pues ellos serán consolados (Mt 5:4).

Bienaventurados los que tienen hambre y sed de justicia, pues ellos serán saciados (Mt 5:6).

Es esta bondad y disposición de Dios para perdonar lo que hace que el arrepentimiento y la confesión genuinos sean un medio de gracia y un motivo de gran gozo. Como creyentes, no debemos descuidar la Palabra o cerrar nuestros oídos al Espíritu cuando el pecado es expuesto en nosotros. Más bien, debemos humillarnos, reconocer nuestro pecado, apartarnos de él y correr al trono de Dios, cuyas puertas han sido abiertas para siempre por la sangre de Jesucristo. El autor de Hebreos explica y exhorta: "Porque no tenemos un Sumo Sacerdote que no pueda compadecerse de nuestras flaquezas, sino Uno que ha sido tentado en todo como nosotros, pero sin pecado. Por tanto, acerquémonos con confianza al trono de la gracia para que recibamos misericordia, y hallemos gracia para la ayuda oportuna" (Heb 4:15-16).

LAS MARCAS DE LA FE

Antes de avanzar más, es importante resaltar que la sensibilidad al pecado, el arrepentimiento y la confesión no son simplemente las marcas de la madurez cristiana, sino las características de la conversión genuina. Incluso los conversos más recientes demostrarán una nueva y adversa disposición hacia el pecado y practicarán el arrepentimiento y la confesión. Por el contrario, la falta de arrepentimiento y confesión puede ser evidencia de que una persona se encuentra todavía en un estado inconverso. En relación con esto, el apóstol Juan escribió:

Si decimos que no tenemos pecado, nos engañamos a nosotros mismos y la verdad no está en nosotros [es decir, no somos cristianos]. Si confesamos nuestros pecados, Él es fiel y justo para perdonarnos los pecados y para limpiarnos de toda maldad [es decir, somos cristianos]. Si decimos que no hemos pecado, lo hacemos a Él mentiroso y Su palabra no está en nosotros [es decir, no somos cristianos] (1Jn 1:8-10).[10]

Una de las mayores evidencias de la verdadera conversión no es la perfección sin pecado, como algunos han supuesto erróneamente. En cambio, es una sensibilidad al pecado, una renuncia del pecado y una confesión abierta del pecado y el gozo por el perdón. Por esta razón, los creyentes genuinos parecerán una paradoja para los de afuera. Por un lado, pueden describirse como "los que lloran"

---

10 Lo escrito entre corchetes es mío.

(Mt 5:4), pero, por otro lado, son marcados por un "gozo inefable y lleno de gloria" (1P 1:8).

A medida que los creyentes crecen en su conocimiento del carácter y la voluntad de Dios, comienzan a ver su pecado y su falta de conformidad a Dios bajo una mejor luz. Esto los lleva a un quebrantamiento o pesar más profundo sobre el pecado. Por lo tanto, pueden identificarse correctamente como "los que lloran". Al mismo tiempo, conforme crecen en su conocimiento de Dios, también contemplan más Su misericordia y gracia en la persona y obra redentora de Cristo. Esto los lleva a un gozo más profundo en el Dios de su salvación. Por lo tanto, con cada año que pasa, su dolor y su gozo aumentan de la mano hasta el final de sus días, cuando se encontrarán completamente quebrantados y, sin embargo, llenos de "gozo inefable y llenos de gloria". Cuando se les pregunta cómo puede encontrarse esa mezcla de dolor y gozo en una misma persona, ellos responden: "Soy un gran pecador, pero Cristo es un mayor Salvador". Además, cabe resaltar la gran transición. Su gozo ya no se encuentra en su virtud corrompida o su actuar inconstante, ¡sino en la cruz de Cristo y en la gracia de Dios que fluye de ella!

EL GOZO DE LA APLICACIÓN

Habiendo aprendido estas verdades importantes, debemos ahora examinar nuestra vida y nuestra profesión cristiana a la luz de ellas. ¿Estamos creciendo en el conocimiento de la santidad de Dios y, a su vez, nos estamos volviendo más y más sensibles al pecado en nuestra vida? ¿Reaccionamos a nuestro pecado con un mayor sentido de repugnancia y desprecio? ¿Luchamos en contra de él? ¿El peso de nuestro pecado junto con la bondad de Dios nos lleva al arrepentimiento y la confesión (Ro 2:4)? Si hemos respondido afirmativamente, entonces hay evidencia de que Dios ha hecho una obra salvadora en nosotros, pero es necesario perseverar y crecer. Tengamos siempre la mentalidad de "[examinar] nuestros caminos y [escudriñarlos], y volvamos al

Señor" (Lam 3:40). Si Dios fuera una deidad dura y sin amor que nos condenara sin misericordia, entonces estaríamos en lo correcto de hacer todo lo que esté a nuestro alcance para ocultar nuestro pecado o negarlo por completo. Pero nuestro Dios es "compasivo y clemente, lento para la ira y grande en misericordia" (Sal 103:8). Ha enviado a Su único Hijo para pagar por cada una de nuestras transgresiones, desde la primera hasta la última. Las Escrituras prueban que Él "no [se complace] en la muerte del impío, sino en que el impío se aparte de su camino y viva" (Ez 33:11). Por lo tanto, apartémonos de nuestros malos caminos y vivamos. Las Escrituras argumentan que la ira es la "extraña tarea"[11] de Dios, pero Él anhela ser misericordioso y espera en lo alto para tener compasión (Is 30:18). Debido a estas verdades con respecto al carácter de Dios, nunca debemos ver el arrepentimiento y la

---

[11] Porque el Señor se levantará como en el monte Perazim, se enojará como en el valle de Gabaón, para hacer Su tarea, Su extraña tarea, y para hacer Su obra, Su extraordinaria obra (Is 28:21).

confesión como verdugos llevándonos a la condenación y la muerte, sino como siervos de nuestro
Dios que nos llevan a la sangre de Cristo, que nos
lava para quedar tan blancos como la nieve y nos
trae de vuelta a Su presencia.

PREGUNTAS Y REFLEXIONES
DEL CAPÍTULO 3

1. Escribe una definición bíblica de arrepentimiento. Incorpora en tu definición el significado del verbo en griego *metanoéo* y el verbo en hebreo *nacham*.

2. El pecado es una gran enfermedad en la vida cristiana. Explica cómo el pecado no confesado es dañino para la vida del creyente.

3. ¿Cómo depende el arrepentimiento genuino de nuestro conocimiento de las Escrituras?

4. ¿Cómo depende el arrepentimiento genuino de nuestra comunión con otros creyentes en el contexto de una iglesia local?

5. ¿Cómo debería reaccionar el cristiano al pecado o tratar con el pecado una vez es expuesto?

6. Escribe una definición bíblica de la palabra "confesión". Incorpora en tu definición el significado del verbo en griego *homologéo*.

7. ¿Cuáles son los cuatro elementos esenciales de la confesión bíblica?

8. ¿Por qué es tan importante crecer en nuestro conocimiento de las promesas de Dios con respecto al perdón y aferrarnos tenazmente a ellas?

9. ¿Por qué descubrir el pecado debe hacer que el cristiano corra hacia Dios con esperanza en lugar de apartarse de Él con miedo?

10. ¿Por qué el diablo busca hacer que el pueblo de Dios dude del perdón de Dios? ¿Qué podemos hacer para resistirlo?

11. ¿Cuál es la disposición de Dios para el creyente que está quebrantado por su pecado y busca perdón? ¿Cuáles son algunos de los pasajes de las Escrituras más importantes con respecto a esto?

12. Explica cómo se puede describir al cristiano como alguien que se encuentra tanto en dolor como en gozo.

13. Explica cómo el arrepentimiento y la confesión son un regalo de Dios, un medio de gracia que lleva a la restauración, la paz y el gozo.

14. Explica la siguiente declaración: "Debido a estas verdades con respecto al carácter de Dios, nunca debemos ver el arrepentimiento y la confesión como verdugos llevándonos a la condenación y la muerte, sino como siervos de nuestro Dios que nos llevan a la sangre de Cristo, que nos lava para quedar tan blancos como la nieve y nos trae de vuelta a Su presencia".

4

LA IGLESIA

Habiendo considerado brevemente las Escrituras, la oración, y el arrepentimiento y la confesión como medios de gracia, ahora pasaremos a la iglesia, su comunión y sus ordenanzas. Desde el comienzo, es necesario que definamos nuestros términos para asegurarnos de que estamos en la misma página. En este capítulo, el término "iglesia" se refiere a un cuerpo local visible de creyentes, comprometidos unos con otros, pastoreados por hombres calificados como ancianos,[1] servidos por diáconos calificados bíblicamente,[2] dedicados a la exposición bíblica y la oración, respetando las ordenanzas y

---

[1] 1 Timoteo 3:1-7; Tito 1:5-9

[2] 1 Timoteo 3:8-13

practicando la disciplina eclesial. Una iglesia local no es sinónimo de un estudio bíblico semanal, un ministerio *paraeclesiástico* o la acción de escuchar a nuestros predicadores favoritos en Internet. Esta distinción es importante porque muchos creen que están obedeciendo el mandato de congregarse a través de comunidades informales que pueden ser útiles, pero no sustituyen el plan no negociable de comunidad de Dios en una iglesia bíblica local.

El camino hacia una mayor madurez y utilidad cristiana es difícil. Sin embargo, la dificultad se vuelve casi una imposibilidad cuando buscamos crecer y perseverar en la fe fuera del contexto de una iglesia local visible y una relación real con los ancianos que gobiernan, enseñan, pastorean y guían. Por esta razón, no solo es útil, sino absolutamente esencial que trabajemos en nuestra salvación en el contexto de una iglesia local y sus ancianos que conocen nuestro nombre y velan por nuestra vida. Por eso, el escritor de Hebreos advierte: "Mantengamos firme la profesión de nuestra esperanza sin vacilar, porque fiel es Aquel que prometió. Consideremos cómo estimularnos unos a otros al amor y a las buenas obras, no dejando de congregarnos, como algunos tienen por costumbre, sino exhortándonos unos a otros, y mucho más al ver que el día se acerca" (Heb 10:23-25).

Hoy en día, hay motivos para lamentar la escasez de iglesias bíblicas con las características mencionadas anteriormente, pastoreadas por hombres calificados como ancianos, servidas por diáconos calificados bíblicamente, dedicados a la exposición y oración bíblica, aferrándose a las ordenanzas y practicando la disciplina eclesial. Sin embargo, también debemos tener cuidado de no ser críticos y severos, y exigir que una iglesia sea perfecta colectivamente mientras nosotros seguimos siendo imperfectos como individuos. Un vistazo momentáneo a nosotros mismos en el espejo de la Palabra de Dios revelará una larga serie de imperfecciones y una larga lista de "cosas por hacer". Por esta razón y muchas otras, debemos tener cuidado de no exigir a la iglesia lo que nosotros mismos no hemos logrado en nuestra vida personal. No debemos exigir una iglesia perfecta, sino que debemos buscar una cuyos ancianos y congregación estén creciendo en su conocimiento del estándar de Dios y esforzándose por alcanzar esa meta.

PASTORES CON LAS CUALIFICACIONES DE ANCIANOS

Uno de los mayores medios de gracia que Dios nos ha dado son los ministros del evangelio fieles y humildes que tienen las cualificaciones bíblicas de un anciano[3] y están entregados a la oración y al ministerio de la Palabra (Hch 6:2, 4). Esta verdad se expone con asombrosa claridad en la carta del apóstol Pablo a la iglesia en Éfeso: "Y Él dio a algunos el ser apóstoles, a otros profetas, a otros evangelistas, a otros pastores y maestros, a fin de capacitar a los santos para la obra del ministerio,

---

[3] 1 Timoteo 3:1-7; Tito 1:6-9

para la edificación del cuerpo de Cristo; hasta que todos lleguemos a la unidad de la fe y del pleno conocimiento del Hijo de Dios, a la condición de un hombre maduro, a la medida de la estatura de la plenitud de Cristo"(Ef 4:11-13). Este texto prueba, sin lugar a duda, que es Cristo mismo quien da ministros fieles a la iglesia para su edificación. ¿Descuidaremos o incluso despreciaremos estos dones? ¿Despreciaremos su importancia? ¿Actuaremos como si no necesitáramos la misma medicina que Cristo ha recetado?

Un creyente sincero pero equivocado podría responder a las preguntas anteriores diciendo: "Pero no hay ministros que sean calificados como ancianos y sean fieles a su llamamiento según lo que mandan las Escrituras". La respuesta a esta objeción es doble. En primer lugar, ¡decir que no hay ministros fieles de Cristo en la tierra no es tanto una crítica de los ministros como una negación de la soberanía y el poder de Cristo! Esta es la iglesia de Cristo y Él es su proveedor y apoyo. Es cierto que hay muchos charlatanes y usurpadores, pero Cristo siempre tendrá a Sus "siete mil hombres que no doblaron la rodilla ante Baal" (Ro 11:4; 1R 19:18). En segundo lugar, debemos darnos cuenta de que incluso los mejores hombres nunca igualarán la perfección de Cristo mientras ministran en este lado de la gloria. Por lo tanto, aunque podemos esperar que los ancianos cumplan con los requisitos bíblicos de su oficio y que cumplan fielmente con su deber, no debemos exigir de ningún hombre más de lo ordenado por las Escrituras. Incluso el gran apóstol Pablo escribió de sí mismo: "No es que ya lo haya alcanzado o que ya haya llegado a ser perfecto, sino que sigo adelante, a fin de poder alcanzar aquello para lo cual también fui alcanzado por Cristo Jesús. Hermanos, yo mismo no considero haberlo ya alcanzado. Pero una cosa hago: olvidando lo que queda atrás y extendiéndome a lo que está delante, prosigo hacia la meta para obtener el premio del supremo llamamiento de Dios en Cristo Jesús" (Fil 3:12-14).

Habiendo dado la advertencia anterior al lai-
co, permítanme ahora dar la siguiente instrucción
y advertencia a los ministros. Todos los ministros
han sido llamados a la fidelidad bíblica y todos serán juzgados respectivamente. No debemos tomar
el manto del ministerio sobre nosotros mismos ni
permitir que otros nos recluten para el ministerio a
menos que estemos conscientes de que cumplimos
con los requisitos establecidos en las Escrituras[4] y
una congregación madura pueda afirmar estas cualificaciones específicas en nuestro carácter y com-
portamiento. Estas cualificaciones no son opciones
o algo en lo cual "crecer" más adelante, más bien
son exigencias no negociables. Además, debemos
reconocer que nuestros ministerios deben estar
diseñados y limitados por lo que está escrito en
las Escrituras. No tenemos la libertad de escribir
nuestra propia descripción de puesto o guión. Debemos estar completamente convencidos de que

---

[4]   1 Timoteo 3:1-7; Tito 1:6-9

los requisitos y deberes del ministerio son revelados claramente en las Escrituras y que estamos
llamados a someternos a ellos con temor y de todo
corazón. El manto del ministerio es tanto un pri-
vilegio como una difícil responsabilidad. Si somos
ministros de Cristo, dejemos que las siguientes advertencias encuentren su camino hasta lo más profundo de nuestro corazón y nuestra mente, incluso
hasta los tuétanos:

Ahora bien, si sobre este fundamento alguien edifica con oro, plata, piedras pre-
ciosas, madera, heno, paja, la obra de cada
uno se hará evidente; porque el día la dará
a conocer, pues con fuego será revelada. El
fuego mismo probará la calidad de la obra
de cada uno. Si permanece la obra de alguien que ha edificado sobre el fundamento,
recibirá recompensa. Si la obra de alguien
es consumida por el fuego, sufrirá pérdida;

sin embargo, él será salvo, aunque así como a través del fuego (1Co 3:12-15).

Por eso, ya sea presentes o ausentes, ambicionamos agradar al Señor. Porque todos nosotros debemos comparecer ante el tribunal de Cristo, para que cada uno sea recompensado por sus hechos estando en el cuerpo, de acuerdo con lo que hizo, sea bueno o sea malo (2Co 5:9-10).

Hermanos míos, que no se hagan maestros muchos de ustedes, sabiendo que recibiremos un juicio más severo (Stg 3:1).

No importa qué tan maduro se crea un cristiano o cuántos años haya estado en la fe, debe estar bajo la enseñanza y el cuidado de ancianos piadosos y humildes. Esta no es mi opinión privada con respecto a alguna estrategia opcional de ministerio, sino que es el plan de Cristo para Su iglesia. Tú y yo no necesitamos oradores elocuentes, personalidades poderosas, predicadores célebres distantes, dictadores espirituales u hombres codiciosos que se alimentan del rebaño. Sin embargo, necesitamos buenos pastores que entreguen su vida por las ovejas[5] y mayordomos fieles y prudentes que le den al pueblo de Dios sus raciones adecuadas.[6]

LA COMUNIÓN DE LOS SANTOS

Otro medio de gracia dentro del contexto de la iglesia local es el ministerio de los santos. La carta de Pablo a los Efesios deja en claro que los ministros no han sido asignados a la iglesia para hacer todo el ministerio, sino "a fin de capacitar a los santos para la obra del ministerio, para la edificación del cuerpo de Cristo" (Ef 4:12). El Espíritu Santo ha

---

[5] Yo soy el buen pastor; el buen pastor da Su vida por las ovejas" (Juan 10:11).

[6] El Señor respondió: "¿Quién es, pues, el mayordomo fiel y prudente a quien su señor pondrá sobre sus siervos para que a su tiempo les dé sus raciones?" (Lc 12:42)

dotado especialmente a cada miembro de la iglesia local para que cada uno pueda contribuir al ministerio de esa iglesia local. Posteriormente, esto también prueba que cada miembro de la iglesia necesita del resto del cuerpo. No hay "lobos solitarios" en un cristianismo bíblicamente maduro. De hecho, Hebreos 10:23-25 (citado anteriormente) nos advierte que no dejemos de reunirnos porque tenemos una gran necesidad de ser estimulados y exhortados por los otros miembros de la congregación. Este es un tema constante a lo largo de todo el Nuevo Testamento. Aquí hay una breve muestra:

> Ahora bien, hay diversidad de dones, pero el Espíritu es el mismo. Hay diversidad de ministerios, pero el Señor es el mismo. Y hay diversidad de operaciones, pero es el mismo Dios el que hace todas las cosas en todos. Pero a cada uno se le da la manifestación del Espíritu para el bien común (1Co 12:4-7).

Según cada uno ha recibido un don especial, úselo sirviéndose los unos a los otros como buenos administradores de la multiforme gracia de Dios (1P 4:10).

Que la palabra de Cristo habite en abundancia en ustedes, con toda sabiduría enseñándose y amonestándose unos a otros con salmos, himnos y canciones espirituales, cantando a Dios con acción de gracias en sus corazones (Col 3:16).

Queridos hermanos y hermanas, no se puede exagerar nuestra necesidad de un cuerpo local. Es en el contexto de una iglesia local que estamos llamados a dar y recibir ministerio para la edificación de todos. Ni siquiera el gran apóstol Pablo dejó de necesitar de este maravilloso medio de gracia. A la iglesia en Roma escribió: "Porque anhelo verlos para impartirles algún don espiritual, a fin de que sean confirmados; es decir, para que cuando esté entre ustedes nos confortemos mutuamente, cada uno por la fe del otro, tanto la de ustedes como la mía" (Ro 1:11-12).

LAS ORDENANZAS

En la iglesia del Nuevo Testamento hay dos ordenanzas: el bautismo y la Cena del Señor. A lo largo de la historia, muchos evangélicos han preferido utilizar el término "ordenanza" en lugar de "sacramento" para evitar cualquier posibilidad de que su lenguaje pueda comunicar la creencia errónea de que la salvación es conferida de alguna forma mediante el bautismo o la Cena del Señor. La doctrina de la regeneración bautismal y la creencia de que Cristo está presente corporalmente en el pan y el vino son errores graves. La Cena del Señor conmemora la muerte y resurrección de Cristo y debe practicarse en memoria de Él y como una proclamación, señal y sello de Su obra redentora a favor de la iglesia (1Co 11:23-26). El bautismo es una declaración pública de la fe del creyente en Cristo y una identificación pública con Su persona, Su evangelio y Su pueblo. Aunque debemos denunciar la más mínima inclinación a creer que el bautismo y la Cena del Señor son medios de gracia salvadora, debemos procurar promover su gran significado y utilidad como medio de gracia santificadora de una manera similar a la lectura y predicación de las Escrituras y la oración congregacional. En ambas ordenanzas, Cristo es proclamado y también está presente con Su pueblo. Después de su discurso sobre la disciplina eclesial, Cristo declaró: "Porque donde están dos o tres reunidos en Mi nombre, allí estoy Yo en medio de ellos" (Mt 18:20). Si tal promesa es aplicable a la iglesia cuando se reúne para pronunciar disciplina sobre un miembro que no se arrepiente, ¿cuánto más se aplica a la reunión de la iglesia local para el bautismo y la Cena del Señor?

Difícilmente se puede exagerar la importancia de las ordenanzas del bautismo y la Cena del Señor. Sin embargo, en el intento legítimo de la iglesia evangélica de evitar presentar estas ordenanzas como un medio de salvación, a menudo las hemos presentado con menos importancia, dignidad y solemnidad de lo que merecen. Los ancianos no solo deben enseñar sobre el punto de vista bíblico de estas dos ordenanzas, sino que también deben comunicar a la congregación su significado especial e instruir a los creyentes sobre cómo preparar sus corazones y mentes para ello.

LA DISCIPLINA ECLESIAL

En la mente de muchos, la mera mención de la disciplina eclesial evoca imágenes de legalismo, justicia propia, hipocresía, falta de amor y crueldad. A menudo, se refuta con otras Escrituras sacadas de contexto: "No juzguen para que no sean juzgados" (Mt 7:1) o "El que de ustedes esté sin pecado, sea el primero en tirarle una piedra" (Jn 8:7). Estas opiniones negativas y refutaciones a menudo se pueden rastrear a tres fuentes distintas: instancias pasadas en las que la disciplina de la iglesia se ha practicado de una manera no bíblica, una ignorancia evidente de las Escrituras u opiniones antibíblicas, carnales y mundanas con respecto a lo que realmente significa amar y demostrar preocupación espiritual por otro.

Nunca debemos olvidar que Jesús ordenó que las congregaciones locales practicaran la disciplina eclesial (Mt 18:15-17). Aunque las prácticas no bíblicas de la disciplina eclesial deben ser rechazadas y reprendidas fuertemente, no podemos tirar la fruta sana con la podrida. Fue ordenado por el Señor de amor como un medio para proteger, purificar y llevar a Su iglesia a una mayor madurez. Rechazar la práctica de la disciplina eclesial o aceptarla en teoría mientras se descuida su práctica es un rechazo del Señor mismo y de Su reinado soberano sobre la iglesia. Además, resultará en un daño incalculable a la congregación y obstaculizará su progreso hacia la madurez.

Habiendo afirmado la validez de la disciplina eclesial, debemos preguntarnos cómo la disciplina de la iglesia promueve la madurez espiritual en la congregación. Para comenzar, primero debemos entender que la disciplina eclesial comienza mucho antes de que se considere cualquier decisión de expulsar a un miembro. La disciplina eclesial comienza al recibir nuevos miembros y al hacer la debida diligencia para asegurarse de que realmente comprendan el evangelio y tengan una buena esperanza de haberse convertido. En segundo lugar, la disciplina eclesial también se manifiesta en la exposición diligente de las Escrituras y en el cuidado pastoral personal de los ancianos a los miembros de la congregación. En tercer lugar, cuando un miembro realmente cae en pecado, la primera etapa de la disciplina implica instrucción y corrección en privado. Si no hay señales de arrepentimiento, entonces se les pide a uno o dos cristianos maduros (preferiblemente ancianos) que participen para discernir y ofrecer consejo. Finalmente, si aún no hay arrepentimiento, el asunto se lleva ante la iglesia (Mt 18:15-17). Solo como último recurso el miembro es excomulgado de la iglesia. Pero incluso entonces, si el miembro que cometió el pecado se arrepiente, será recibido nuevamente en la congregación con amor y perdón.[7]

Para concluir este capítulo adecuadamente, debemos reiterar que la membresía real y activa en una iglesia local es absolutamente esencial para el crecimiento del cristiano hacia la madurez espiritual. Dios nos ha dado la congregación local y sus pastores-ancianos para ayudarnos en un camino a menudo largo y difícil. Como es evidente en las Escrituras, es un camino peligroso que no debe transitarse solo. Debemos someternos a la voluntad de Dios y convertirnos en un miembro vital de una iglesia local que demuestre una búsqueda sincera de Cristo y Sus mandamientos tal como son revelados en las Escrituras.

---

[7] Algunos textos bíblicos importantes para la disciplina eclesial se encuentran en Mateo 18:15-20; 1 Corintios 5:1-6:11; 2 Corintios 2:1-11; Romanos 16:17; Gálatas 6:1; 2 Tesalonicenses 3:6; Tito 3:10; Judas 22-23.

PREGUNTAS Y REFLEXIONES DEL CAPÍTULO 4

1. ¿Cómo se define "la iglesia" en este capítulo? ¿Por qué es importante definir la iglesia de esta manera?

2. Explica la siguiente declaración: "Debemos tener cuidado de no exigir a la iglesia lo que nosotros mismos no hemos logrado en nuestra vida personal. No debemos exigir una iglesia perfecta, sino que debemos buscar una cuyos ancianos y congregación estén creciendo en su conocimiento del estándar de Dios y esforzándose por alcanzar esa meta".

3. Explica la siguiente declaración: "Uno de los mayores medios de gracia que Dios nos ha dado son los ministros del evangelio fieles y humildes que tienen las cualificaciones bíblicas de un anciano y están entregados a la oración y al ministerio de la Palabra".

4. ¿Por qué es importante reconocer que las cualificaciones de un anciano establecidas en 1 Timoteo 3:1–7 y Tito 1:6–9 no son opciones o algo en lo cual "crecer" más adelante, sino exigencias no negociables?

5. Explica la siguiente afirmación: "Tú y yo no necesitamos oradores elocuentes, personalidades poderosas, predicadores célebres distantes, dictadores espirituales u hombres codiciosos que se alimentan del rebaño. Sin embargo, necesitamos buenos pastores que entreguen su vida por las ovejas[1] y mayordomos fieles y prudentes que le den al pueblo de Dios sus raciones adecuadas".

6. A la luz de Efesios 4:12 y Colosenses 3:16, explica cómo la comunión de los santos en la iglesia local es un medio de gracia.

---

[1] Yo soy el buen pastor; el buen pastor da Su vida por las ovejas (Jn 10:11).

7. Explica el significado de esta afirmación: "No hay 'lobos solitarios' en un cristianismo bíblicamente maduro".

8. Explica el significado y propósito del bautismo y la Cena del Señor. ¿Cómo pueden correctamente llamarse un medio de gracia?

9. Explica la siguiente declaración: "Aunque debemos denunciar la más mínima inclinación a creer que el bautismo y la Cena del Señor son medios de gracia salvadora, debemos procurar promover su gran significado y utilidad como medio de gracia santificadora".

Conclusión

EN DEFENSA
DE LA SIMPLEZA

Hemos llegado al final de este breve libro que introduce los medios de gracia para el crecimiento en santificación: las Escrituras, la oración, el arrepentimiento y la confesión y el ministerio de la iglesia local. Sin embargo, antes de concluir, debo abordar esta frecuente objeción de que lo que he escrito es muy simplista, que las debilidades y la enfermedad de los cristianos son demasiado variadas y complejas para ser sanadas o superadas por un remedio tan simple. A esta objeción ofreceré solamente tres comentarios.

Primero, las dificultades comunes en la vida cristiana,[1] aunque son complejas, fluyen de unas pocas fuentes: la carne, el mundo y el diablo. Aunque somos nuevas criaturas en Cristo y nuestra identidad ya no está determinada por nuestra pasada relación con Adán (2Co 5:17), permanece en cada creyente un remanente de nuestra humanidad caída, o la carne, que desea o lucha en contra del Espíritu. A la iglesia en Galacia Pablo escribe: "Porque el deseo de la carne es contra el Espíritu, y el del Espíritu es contra la carne, pues estos se oponen el uno al otro, de manera que ustedes no pueden hacer lo que deseen. Pero si son guiados por el Espíritu, no están bajo la ley" (Ga 5:17-18)

---

[1] Aquí quiero dejar claro que me refiero a las dificultades u obstáculos más comunes de todos los creyentes para la santificación. No me estoy refiriendo a casos extraordinarios de personas que sufren de trastornos mentales o emocionales extremos, etc. Aunque se beneficiarán grandemente de los medios de gracia "normales", también pueden requerir la ayuda de profesionales médicos competentes, consejeros bíblicos, etc.

Sin lugar a duda, la batalla más grande del creyente es con la carne, ya que el mundo y el diablo solo son capaces de atraernos, persuadirnos o tentarnos por los deseos de la carne. Como escribe Santiago: "Sino que cada uno es tentado cuando es llevado y seducido por su propia pasión" (Stg 1:14). Por lo tanto, vencer a la carne y sus deseos es ganar la batalla. Y esta batalla espiritual se gana de manera más efectiva a través de los medios de gracia que hemos propuesto: las Escrituras, la oración y el ministerio de la iglesia local.

Segundo, aunque haya ofrecido una solución simple y te haya equipado solo con algunas armas para pelear esta guerra, las Escrituras validan lo que he ofrecido. Es tu decisión si deseas obtener la medicina de otro dispensario o armas de otro arsenal. Sin embargo, los pensamientos y las estrategias de los hombres son la vanidad y la carne, y no sirven de nada (Jn 6:63). Solo aquellas armas que nos dan las Escrituras son "poderosas en Dios para la destrucción de fortalezas; destruyendo especulaciones y todo razonamiento altivo que se levanta contra el conocimiento de Dios, y poniendo todo pensamiento en cautiverio a la obediencia de Cristo" (2Co 10:4-5).

Tercero, he visto que aquellos que dudan del poder de los medios de gracia son a menudo negligentes en aprovecharlos al máximo. A riesgo de sonar redundante, debo volver a la pregunta que hice en un capítulo anterior: ¿Hemos realmente aprendido todo lo que las Escrituras tienen que decirnos? ¿Hemos vaciado todas las promesas de Dios en oración? ¿Nuestra intimidad con el Padre, el Hijo y el Espíritu Santo ya no tiene más espacio para crecer? ¿Hemos cosechado todos los beneficios que se pueden obtener de la comunión con una iglesia local? ¿No es más probable que hayamos sido negligentes o al menos descuidados, incluso perezosos, con estos medios de gracia ordinarios pero esenciales? Cuando alguien duda de la eficacia de los medios de gracia que he presentado, le pregunto cuánto tiempo pasa en la Palabra, en oración y en comunidad con los ancianos y la congregación de una iglesia bíblica local. La mayoría agacha la cabeza, encoge los hombros y admite su negligencia. Aún no he conocido un alma tan descarada que admita que ha agotado estos medios sin efecto alguno.

Queridos hermanos y hermanas, oremos por un avivamiento con fe y persistencia, pero hasta que llegue, dediquémonos a estos medios ordinarios de gracia a través de los cuales podamos llegar a ser extraordinarios en conformidad y utilidad para Cristo.

Su hermano,
Paul David Washer

RECUPERANDO EL
EVANGELIO

"La serie *Recuperando el evangelio* aborda la mayoría de los elementos esenciales del evangelio, especialmente aquellos que han sido más descuidados en el cristianismo contemporáneo. Es mi esperanza que estas palabras puedan ser una guía para ayudarte a redescubrir el evangelio en toda su belleza, asombro y poder salvífico. Es mi oración que este redescubrimiento transforme tu vida, fortalezca tu proclamación y traiga mayor gloria a Dios".

— Paul Washer

BIBLIA DE ESTUDIO

Herencia Reformada

PARA **LA FAMILIA** Y EL **ESTUDIO DEVOCIONAL**

BIBLIA DE ESTUDIO

Herencia Reformada

El Evangelio
¡para cada rincón de la Vida!

Poiema /POY-EMA/ es la palabra griega que se refiere a una obra creada por Dios. Es la raíz de nuestra palabra "poema", que nos insinúa algo artístico, no una simple fabricación. Pablo dice:

Porque somos la obra maestra (POIEMA) de Dios, creados de nuevo en Cristo Jesús…
Efesios 2:10

El propósito de Poiema Publicaciones es reflejar la imagen de nuestro Creador, creando libros de alta calidad, accesibles, agradables y pertinentes al mundo caído en el que vivimos. Dios nos invita a tomar parte en la redención de toda Su creación en Jesús. En Poiema Publicaciones, sentimos un llamado a que nuestra lectura ¡también sea redimida!

POIEMA
LECTURA REDIMIDA

 PoiemaLibros

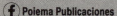 Poiema Publicaciones

PoiemaLibros

www.**poiema**.co
Visita nuestra web